W0244743

Christine Weiner
Als Erzieherin gelassen und erfolgreich

Christine Weiner

Als Erzieherin
gelassen und
erfolgreich

Fit im Beruf durch **Selbst-Coaching**

Kösel

Mix
Produktgruppe aus vorbildlich bewirtschafteten
Wäldern und anderen kontrollierten Herkünften
www.fsc.org Zert.-Nr. SGS-COC-001940
© 1996 Forest Stewardship Council
FSC

Verlagsgruppe Random House FSC-DEU-0100
Das FSC-zertifizierte Papier *Munken Premium* für dieses Buch liefert
Arctic Paper Munkedals AB, Schweden.

Copyright © 2010 Kösel-Verlag, München,
in der Verlagsgruppe Random House GmbH
Umschlag: Elisabeth Petersen, München
Umschlagmotiv: Borodaer/shutterstockimages
Illustrationen: Monica May, München
Abbildung S. 43: © Südwest Verlag/DTP
Druck und Bindung: GGP Media GmbH, Pößneck
Printed in Germany
ISBN 978-3-466-30882-8

Weitere Informationen zu diesem Buch und unserem gesamten lieferbaren
Programm finden Sie unter
www.koesel.de

Inhalt

Was Sie in diesem Buch erwartet 9

Christine, Erzieherin: Meine eigene Geschichte 13

Was brauche ich eigentlich? Selbstcoaching leicht
gemacht 16

Vom Tunnelblick zur weiten Sicht 18
Ihren Themen Priorität einräumen 21
Ihre persönliche Selbstcoachingstunde 25
Gute Fragen stellen 30
Vom Ziel zur Strategie 31

Ins Gleichgewicht kommen: Work-Life-Balance 33

Was ist privat, was Beruf? 34
Ihre derzeitige Realität 37
Immer dieser Stress! 40

Du liebe Zeit! Gutes Zeitmanagement 51

Zeitbewusstsein entwickeln 52

Sie stehen jetzt an erster Stelle 55
Der Weg zu: mehr Zeit 57
Sagen Sie NEIN! 57
Nicht aufschieben – machen! 58

GLAUBENSSÄTZE: WAS WIR VON UNS GLAUBEN,
WERDEN WIR SEIN 63

Wo »wachsen« Glaubenssätze? 65
Unterstützende und hemmende Glaubenssätze 68
Wie reagiert man am besten auf negative Glaubenssätze? 72

LOB: DAS HAST DU WIRKLICH GUT GEMACHT! 74

Lob braucht Worte – und zwar einige davon 75
Extrinsische und intrinsische Motivation 76
Darf man sich denn selbst loben? 77
Wann ist Lob besonders wirksam? 79
Sind Sie bei allen Sinnen? 80

JETZT SAG ICH'S! MEHR SELBSTSICHERHEIT IM GESPRÄCH 86

Wieso sind Frauen in der Kommunikation oft unsicher? 87
Innere Monologe, die uns hemmen 90
Ihre Wirkung im Gespräch 95
Körpersprache, die Ihre verbale Botschaft sabotiert 97
Der Schlüssel: Präsenz 99

KLARHEIT ZÄHLT:
SAG NICHT »JA«, WENN DU »NEIN« MEINST 100

Das Nein im Beruf 101
Das innere Rabattmarken-Heft 104
Warum sagen wir Ja statt Nein? 105
Der Weg zum selbstbewussten Nein 108
Begründete Ablehnung 109

WIR SIND EIN TEAM! WIE ZUSAMMENARBEIT GELINGT ... 112

Was wünschen Sie sich von Ihrem Team? 113
Der Kindergartenalltag unterliegt einem
    permanenten Wandel 115
Viele Kolleginnen – viele »Länder« 117
Feedback geben 121

»CHE CASINO!« WENN ROLLEN DURCHEINANDER GEHEN 125

Das Leben ist von verschiedenen
    Rollen bestimmt 126
Rollenerwartungen hinterfragen 129
Wer macht was warum? 131
Die Erwartungshaltung der Eltern 133
Unhinterfragte Rollen klären 134
Die besondere Rolle: Leitungskraft 140
Ihr eigenes »Entwicklungsbuch« 141

SCHLECHTE STIMMUNG? VOM GUTEN UMGANG MIT KONFLIKTEN 143

Wir brauchen Konflikte! 145
Was hinter einem Konflikt stehen kann 146
Konflikte mal aus einer anderen Perspektive gesehen . 147
Schubladendenken: »Ich weiß schon, wie du bist!« 150
Was hilft bei einem Konflikt? 151
No-Gos im Konflikt 156
Viele Wahrheiten entdecken 158

TABU: DARÜBER SPRICHT MAN (BESSER) NICHT! 161

Tabus und innere Konflikte 162
Tabu: Sie können ein Kind Ihrer Gruppe nicht leiden .. 163
Tabu: Sie sind in den Vater eines Kindes verliebt 165
Tabu: Ihre Kollegin hat ein Verhältnis mit einem Vater 166

Tabu: Eine Kollegin greift die Kinder »zu fest« an 167
Tabu: Eine Kollegin trinkt Alkohol 169

DAS PIPPILOTTA-PRINZIP: DIE ZUKUNFT MITGESTALTEN   170

Veränderungen initiieren 172
Visualisierungen als Unterstützung 174
Vom Impuls zur Realität 177
Die Walt-Disney-Methode 179

VISIONEN: DER BLICK ÜBER DEN TELLERRAND HINAUS   182

Wie eine Vision im Konfliktfall helfen kann 183
Was unterscheidet eine Vision von einer Idee? 186
Eine Vision braucht Herz und Klarheit 188
Ihre eigene Vision 189
Damit Träume sich erfüllen können 190

WIR LEBEN DAS LEBEN IN WACHSENDEN RINGEN:
ÄLTER WERDEN   193

Wann fängt man an, »älter« zu werden? 193
Altersgerechtes Arbeiten im Kindergarten.............. 195
Der Gewinn des Älterwerdens im Beruf.............. 199
Mentoring: Wie Alt und Jung voneinander profitieren.   202
»Sie haben mir gar nichts zu sagen!« Kommunikation
zwischen älteren und jüngeren Kolleginnen............   205

DANKSAGUNG   207

BUCHEMPFEHLUNGEN   208

Was Sie in diesem Buch erwartet

Ich möchte Sie in diesem Buch zu einer besonderen Begegnung einladen: zu einer Begegnung mit sich selbst.

Inhalt dieses Buches sind keine Konzepte, keine pädagogischen Schulungen, keine übergreifenden Perspektiven, keine Diskussion der Leitungsfunktion, keine politischen und gewerkschaftlichen Forderungen, sondern dieses Buch richtet sich nur an Sie, ganz privat.

Für die Zeit, in der Sie dieses Buch lesen oder mit sich arbeiten, stehen einmal nicht die Kolleginnen, Kinder, Eltern oder Kindergartenabläufe im Vordergrund, sondern nur Sie allein!

- Ihre persönliche Motivation
- Ihre Motivationsfaktoren
- Ihre Bedürfnisse
- Ihre Kommunikationstechnik
- Ihre Begeisterung
- Ihr Lernen
- Ihre Work-Life-Balance
- Ihr gesundes Ich

Ich bin dabei Ihre Impulsgeberin, doch Sie, wie jede andere Leserin auch, werden Ihre eigenen und andere Erfahrungen machen oder bereits gemacht haben. Wie jeder Kindergarten anders ist, sind auch Erzieherinnen verschieden. Mir geht es darum, Ihnen einen Raum zu gestalten, in dem Sie ein wenig reflektieren können und aus dem Sie erfrischt in die Arbeit zurückkehren. Sie sind die Expertin, die Kennerin – ich werfe Ihnen die Bälle aus meinem Know-how zu.

In den einzelnen Kapiteln möchte ich Ihnen Anregungen geben, um sowohl Ihre Arbeit als auch Ihr privates Leben einmal aus einem anderen Blickwinkel zu betrachten. Sie haben es in der Hand, sich immer wieder neu zu erfinden. Wenn wir uns selbst verändern, verändert sich auch das System, in dem wir uns befinden. Das System, das für mich in diesem Buch im Vordergrund steht, ist Ihr beruflicher Kontext, die Menschen, mit denen Sie arbeiten und die Einrichtung, in der Sie tätig sind.

> Wenn sich bei einem Mobile ein Teilchen verhakt, beeinflusst es das ganze Mobile. Alles hängt schief. Richtet man das Teilchen aus, hat das Auswirkungen auf die anderen Teilchen.

So gesehen sind Sie und Ihre Kolleginnen Teilchen des Mobiles »Kindergarten«. Ihr Denken und Handeln kann mit dafür sorgen, dass das Mobile gerade hängt und Sie alle in gutem Kontakt und Austausch miteinander stehen. Auch wenn Sie über große Strecken eigenverantwortlich arbeiten, spiegelt sich doch das was Sie tun und wie Sie es tun, in der gesamten Einrichtung wieder.

In der Hinwendung zu sich selbst werden Sie möglicherweise auch Ihre Kolleginnen ganz neu erfahren und erkennen, wo Sie, Ihre Kollegin, Ihr Team Ressourcen haben, die noch nicht genutzt werden. Ganz sicher werden Sie auch im Privaten wacher beobachten und reagieren und Ihre zwischenmenschlichen Gespräche werden sich befriedigender gestalten.

Was Sie in diesem Buch erwartet

All dies zählt zu den positiven Nebeneffekten, sobald Sie beginnen, Ihr Coach in eigener Sache zu werden.

> Coach, der = jemand, der uns lösungs- und zielorientiert bei unseren Anliegen begleitet und motiviert.

Dieses Buch ist so aufgebaut, dass Sie von einer Art Basis aus Expeditionen in verschiedene Coachingbereiche unternehmen können. Dabei haben Sie die Wahl: Entweder Sie lesen das Buch von der ersten Seite aus oder Sie entscheiden sich für einzelne Kapitel, weil Sie hier ein bestimmtes Thema oder einen augenblicklichen Bedarf erkennen.

Jedes Kapitel steht jedoch für sich, ist schlüssig aufgebaut und zum Teil mit Querverweisen versehen.

Eine Empfehlung

Wenn Ihnen beim Lesen Gedanken und Sätze in den Sinn kommen, notieren Sie sich diese. Vielleicht haben Sie sogar Lust, sich ein persönliches Reise-Tagebuch zuzulegen und darin Ihre Gedanken, Wünsche und Visionen festzuhalten. Wie eine Abenteurerin können Sie irgendwann später einmal nachlesen, an welcher Stelle Sie einst aufgebrochen und wo Sie später angekommen sind. Viele Impulse und Prozesse sind im Rückblick sehr gut nachvollziehbar und Lösungen bereits in ihren Anfängen zu erkennen. Das ist nicht nur spannend, sondern hat auch positive Auswirkungen auf zukünftige Lösungssuchen und Reflexionen.

Auch ich führe pro Jahr solch ein Buch und bin später oft erstaunt, wie viel Veränderung einerseits unbemerkt entsteht und andererseits gleichzeitig von mir unbewusst initiiert wurde. Für unser Selbstbewusstsein ist diese Wahrnehmung sehr bedeutend, denn wir stellen dadurch fest, dass wir die Welt mitgestalten und nicht nur gestaltet werden.

Je bewusster wir unser Leben und Arbeiten betrachten und wahrnehmen, desto reichhaltiger sind die Erfahrungen, die wir für unsere Zukunft nutzen können.

Mit diesem Buch möchte ich Sie dazu einladen, ein wenig in Ihren eigenen Mustern zu stöbern und sich zu neuen Sichtweisen und Wegen inspirieren zu lassen. Vielleicht kommen Ihnen nach einem Kapitel Gedanken, die sich auch mit ganz anderen Inhalten verknüpfen lassen. Sicher werden Sie Ansätze und Themen des Buches in Ihrem Alltag wiedererkennen.

Anmerkung

In vielen Büchern heißt es an dieser Stelle: Die in diesem Buch benutzte männliche Anrede bezieht sich selbstverständlich auch auf die weiblichen Mitarbeiterinnen und soll auf keinen Fall diskriminieren. *Hier lautet der Hinweis:*

Die in meinem Buch verwendete weibliche Anrede bezieht sich natürlich auch auf die (wenigen) männlichen Erzieher, die im Kindergarten zu finden sind. Ich möchte auf keinen Fall diskriminieren und den einen KiGa-Erzieher, den ich kenne, freue ich mich, zu Wort kommen zu lassen.

Christine, Erzieherin:
Meine eigene Geschichte

Auch ich war einmal Erzieherin. Das ist schon lange her und es gab danach noch viele andere Stationen in meinem beruflichen Leben. So war ich später als »Heiratsvermittlerin«, im Hörfunk, Fernsehen und als Betriebswirtin tätig. Dann habe ich noch einmal studiert und viele Weiterbildungen absolviert. Heute ist mein Leben beruflich sehr bunt und reich, wofür ich überaus dankbar bin. Doch ohne meine Ausbildung als Erzieherin und die Jahre mit den Kindern, ohne die Bedingungen, unter denen ich teilweise gearbeitet habe, wäre ich diesen Weg nicht gegangen.

Als Erzieherin habe ich im Kindergarten gearbeitet und mit Jugendlichen, die keinen Hauptschulabschluss hatten oder die versuchten, eine Berufsausbildung abzuschließen. Es waren gemischte Gruppen, sowohl was das Alter anging als auch das Geschlecht. Mal waren wir zu zweit in einem Team, dann zu fünft. Eine ganze Zeit war ich die einzige Frau im Betreuungsteam einer Gruppe verhaltensauffälliger Jungen. Ich leitete Gruppen und jetzt berate und supervidiere ich u.a. Menschen, die im sozialen Umfeld arbeiten.

Die Arbeit in Kindergärten und Heimen hat sich in vielem verändert, aber vieles ist auch noch genau so, wie ich es seinerzeit direkt erlebt habe. Zum Beispiel die Gefühle.

Ich weiß, wie es sich anfühlt, mit einem Kind positiv zu kämpfen, das man eigentlich gar nicht mag. Kenne die Wut, die hochkommt, wenn Eltern, Leitung und Kollegen etwas fordern, was außerhalb der eigenen Grenzen oder Macht steht. Die Verzweiflung, wenn Wochenende ist und schon wieder ein Kind ausgebüchst ist oder Wochenenddienst ansteht, obwohl Freunde eine Party feiern oder zusammen ein Konzert besuchen. Das Aufbegehren, wenn ich in meiner Gruppe renovieren sollte (in welch anderem Beruf wird das verlangt?), und es dann doch zu tun, halbherzig, aber wissend, dass es eben mal wieder sein musste, weil das Budget für Handwerker angeblich nicht reichte. Ich erinnere mich auch noch gut daran, wie ich mich damals zuweilen ausgenutzt und ausgebeutet fühlte, und an die Erschöpfung und bleierne Müdigkeit an meinen freien Tagen.

Wenn ich zurückblicke, finde ich aber auch noch andere Bilder. Mein innerer Erinnerungsfilm enthält Sequenzen, in denen ich mich glücklich lächeln sehe, weil ein Kind sich entwickelte, einen Schulabschluss meisterte, sich mit den Eltern versöhnte oder nach einer anstrengenden Phase endlich von den anderen Kindern akzeptiert und angenommen wurde. Ich war stolz, dass ich einen Teil dazu beigetragen hatte oder dass aus einem Versuch ein Gelingen geworden war. Die emotionale Zuwendung der Kinder, das Lachen, das Leuchten in ihre Augen, all das sind Momente, die über meine pädagogische Zeit hinauswirken. Der Moment, in dem sie mir auf dem Gang entgegensprangen und ich wusste genau: »Ich bin gemeint.«

Dann gab es da viele schöne Stunden mit den Kolleginnen und Kollegen. Wir gingen zusammen aus, kochten miteinander, teilten viel private Zeit. Noch heute habe ich Kontakt zu Kolleginnen, die ich bereits in der Ausbildungszeit kennenlernte.

Wir treffen uns oft und ich lausche ihnen, wenn sie mir von ihren Arbeitsbedingungen erzählen. Durch diese Verbindungen bin ich meinem alten Beruf nah geblieben. Ich habe große Achtung vor dem, was Erzieherinnen leisten, ihren beruflichen Bedingungen und wie sich die Kindergartenarbeit heute inhaltlich entwickelt. Allein der Umgang mit Menschen aus so vielen verschiedenen Kulturen würde manchen Unternehmens-Manager in die Knie zwingen.

Ich habe als Erzieherin viel über Menschen gelernt. Über große Menschen, kleine Menschen, über Verhältnisse unter Menschen, über Liebe und Macht, über Versöhnung. Diese ganzen Erfahrungen waren für meine späteren Tätigkeiten unglaublich wichtig.

Darüber habe ich auch viele Bücher geschrieben – aber noch keines für ErzieherInnen. »Warum gibst du uns eigentlich keine Coaching-Tipps?«, fragte mich meine Freundin Conny, als wir einmal spazieren gingen. »Für Erzieherinnen gibt es das nicht und du bist Coach und kennst unsere Bedingungen gut. Wieso arbeitest du mit Sekretärinnen und nicht auch mit uns?«

Ich nahm dieses Gespräch zum Anlass und nun gibt es dieses Buch, das hoffentlich, das wäre mein Wunsch, eine gute Reiseliteratur für Sie darstellt. Die Reise in Ihr Denken, Handeln und Tun, mit einem Koffer von Erfahrungen im Gepäck und zusammen mit einer Busladung voll Kolleginnen.

Eine kleine private Anekdote noch am Schluss. Wenn mein Mann und ich heftig über eine Sache diskutieren, dann schimpft er nicht selten: »Christine, hör auf, hier die Erzieherin zu geben.« Er findet, dass mein Ton manchmal unglaublich nach Kinderheim und Kindergruppen klingt, und wenn ich mir selbst zuhöre, dann muss ich leider nicken. Später, wenn die Diskussion zu Ende ist, lacht er oft und sagt: »Es ist unglaublich, wie lange so eine Zeit als Erzieherin im Leben nachwirkt.« Dann lächle ich und denke für mich: »Ja, man bleibt es immer.«

Ich wünsche Ihnen viel Freude mit diesem Buch!

Christine, Erzieherin: Meine eigene Geschichte

Was brauche ich eigentlich?
Selbstcoaching leicht
gemacht

Erzieherinnen haben wenig Zeit, ganz besonders für sich selbst. »Schon morgens, vor der Öffnungszeit, stehen die Eltern mit ihren Kindern vor der Tür und warten«, berichtet mir Sandra von ihrem Frühdienst in einem großen Kindergarten. Sandra hat noch nicht ihre eigene Jacke ausgezogen, da ist sie schon mitten drin im Dienst. Die Eltern rufen ihr alles Mögliche zu, die Kleinen sind noch schläfrig, manche weinen oder quengeln, und erste Anrufer klingeln im Büro. Selbst noch müde, geht es für Sandra gleich auf Hochtouren los.

Wer von morgens bis abends so eingespannt ist und keine Pause für sich alleine hat, kann unmöglich auch noch reflektieren. Zumindest nicht während der Öffnungszeiten. Auch mit den Kolleginnen fallen in diesen Zeiten Absprachen schwer. Wenn überhaupt, dann steht nur die halbe Aufmerksamkeit dafür zur Verfügung, weil die andere Hälfte immer bei den Kindern ist. Über sich selbst nachdenken oder mit Kolleginnen etwas diskutieren geht nicht, wenn alle Gruppen offen sind.

Die Mehrzahl der Erzieherinnen, dazu zählt auch Sandra, bringen in verschiedenen Umfragen deswegen immer wieder deutlich zum Ausdruck, dass sie ihren Beruf zwar lieben, doch mit den Bedingungen unzufrieden sind. Nicht nur Kunst, auch Pädagogik benötigt Muße. Kinder wollen beobachtet werden, Erziehung braucht Konzepte, und Erzieherinnen benötigen Zeit für Reflexion, wenn Arbeit und Selbstentwicklung gleichermaßen stimmen soll. »Es ist hektisch, es ist laut, es ist stressig, es gibt keine Ecke für mich, bitte wann und wo soll ich coachen?«, will Sandra von mir wissen.

Ich gebe zu, solche Arbeitsbedingungen zählen nicht zu den besten Voraussetzungen für Sammlung und Kontemplation. Allein der tägliche und andauernde Lärmpegel macht viele Erzieherinnen krank. Hinzu kommen die permanente Ansprechbarkeit, der fehlende Ruheraum und die dafür notwendigen Pausen. Es geht rund. »Von morgens um 7 Uhr bis abends 18 Uhr!«

Was die anstrengenden Bedingungen angeht, stehen Erzieherinnen als Berufsgruppe nicht allein da. Auch Krankenschwestern, die unter ähnlichen Bedingungen arbeiten, haben oft keinen Raum für sich. Es gibt keine fünf Minuten Ruhe, denn das Schwesternzimmer ist einer der Anlaufpunkte für Patienten, in einem chronisch unterbesetzten System.

Aber Sie, wie Krankenschwestern, Lehrerinnen oder Menschen, die in der Altenpflege tätig sind, müssen etwas für sich tun, um Ihre seelische Ausgeglichenheit und berufliche Leistungsfähigkeit zu erhalten. Sie benötigen Zeit und Raum!

Darauf zu warten, dass die Bedingungen sich ändern, ist fatal. Sinnvoller erscheint es mir, jetzt schon nach Möglichkeiten zu forschen, die Ihnen Ruhepausen und Chancen für neues Denken verschaffen – trotz Alltag. Selbstcoaching ist da ein guter Weg, denn es hilft Ihnen, Inseln der inneren Balance zu finden. (Gleichzeitig sollten Sie jedoch unbedingt mit Ihren Kolleginnen an den äußeren Bedingungen arbeiten!)

Vom Tunnelblick zur weiten Sicht

Coaching bedeutet, eine Situation aus verschiedenen Perspektiven und von verschiedenen Ebenen heraus zu reflektieren. Ziel des Coachings ist es, neue Haltungen zu entwickeln und Lösungen aufzudecken, die bislang nicht sichtbar waren.

Wenn wir mit etwas sehr beschäftigt sind, von etwas gekränkt, wenn wir uns gestresst fühlen, nicht respektiert, wahrgenommen oder ernst genommen – um nur einmal ein paar Empfindungen aufzuzählen, aufgrund derer Menschen in ein Coaching kommen – dann ist zumeist auch so etwas wie ein Tunnelblick vorhanden. Der Tunnelblick lässt nur einen Ausgang zu. Der Rest der Landschaft ist verdeckt.

Tunnelblicksätze klingen etwa so:

- »Wenn sich meine Kollegin nicht bei mir entschuldigt, dann kann ich nicht mehr mit ihr zusammenarbeiten.«
- »Ohne eine zusätzliche Kraft im Kindergarten ist der Stress nicht mehr zu bewältigen.«
- »Der Vater von Sarah soll gefälligst in einem anderen Ton mit mir sprechen.«
- »Ich bin oft krank, weil die Kinder lauter Krankheiten in den Kindergarten schleppen.«
- »Entweder die Leitung des Kindergartens ist auf unserer Seite oder auf der des Verbands.«

Sie haben es vielleicht schon bemerkt: Das sind lauter Wenn-dann-Situationen und immer erwartet dabei die eine Seite, dass die andere die Lösung des Problems herbeiführt. Andere Menschen zu bewegen oder zu verändern, damit es einem selbst besser geht, ist jedoch nicht nur oft ein mühseliges Unterfangen, es ist in der Regel auch aussichtslos. Um eine wirkliche Lösung zu finden, braucht es mehr als nur eine Idee, wie der andere anders sein soll. Es braucht wirkliche Alternativen: vom Tunnelblick zum Panoramablick.

Je mehr hilfreiche und sinnvolle Lösungen Sie finden, desto selbstsicherer und freier werden Sie sich erleben.

> Wenn wir nur eine Lösung haben und diese sich als nicht passend erweist, reagieren wir enttäuscht und müssen mit dem Suchprozess von vorne beginnen.
>
> Haben wir mehrere Lösungen, dann können wir ausweichen, variieren, hintereinander probieren und haben verschiedene Alternativen und Angebote zur Hand.

Im Coaching steht Ihnen ein Berater zur Seite, der durch seine Außensicht neue Perspektiven ermöglichen kann. Wenn Sie sich selbst coachen, können Sie diese Unterstützung sich selbst geben.

> Der Begriff »Coach« stammt aus dem Englischen und bedeutet dort Kutsche: ein Fahrzeug, das uns ermöglicht, neue Orte zu erreichen. Später wurde der Begriff im Sport eingeführt. Der Sportler hat Begabung und Motivation. Der Coach reflektiert und lenkt gemeinsam mit dem Sportler das Talent.
>
> Auch im Coaching außerhalb des Sports geht es um Reflexion und Begleitung. Der Klient (Coachee) hat einen Wunsch nach Veränderung, es drückt ein Konflikt, etwas »klemmt« oder »geht nicht weiter«. Nun ist es die Aufgabe des Coaches, seinen Klienten so lösungs- und zielorientiert zu unterstützen, dass das Leben sich harmonisiert und in eine wohltuende Bewegung kommt. Dabei sind es vor allen Dingen gute Fragen, welche die Selbstreflexion anregen und die zu neuen Betrachtungen führen. Seit ich das weiß, bin ich übrigens eine Liebhaberin guter Fragetechniken geworden.
>
> Im Selbstcoaching sind Sie Ihr eigener Coach. Sie geben sich Anregungen und stellen sich die Fragen, haken nach, loben oder ermutigen. Ihre Haltung sich selbst gegenüber sollte dabei wertschätzend und wohlwollend sein.

Oft kümmern wir uns sehr lange nicht um uns selbst und geben den Wünschen und Bedürfnissen anderer Menschen Vorrang. Dann kommt es durch einen oder mehrere Auslöser zu dem Entschluss: »Jetzt bin aber ich dran!« An diesem Punkt wollen wir nicht mehr allen anderen den Vortritt lassen, sondern selbst an erster Stelle stehen. Coaching ist ein sehr lebendiger, spannender Prozess. Sicher ist es dabei gut, den ersten Impuls zu erkennen. Also:

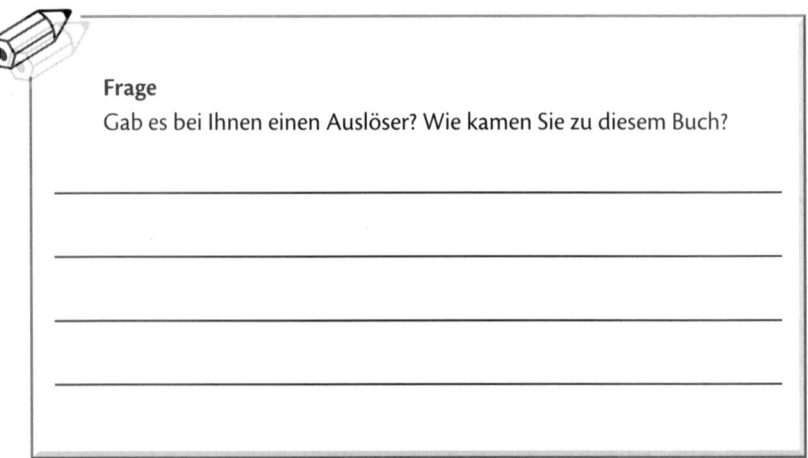

Frage
Gab es bei Ihnen einen Auslöser? Wie kamen Sie zu diesem Buch?

_____

_____

_____

_____

Es ist doch spannend herauszufinden, was es genau war, das uns zur Veränderung drängte und uns erlaubte, im guten Sinne etwas egoistischer zu werden. Bei vielen Menschen zählen zu den Auslösern

- ein Streit
- eine Erkrankung
- eine bestimmte Traurigkeit
- ein Gefühl von: Es geht so nicht mehr weiter!
- der Vorsatz: Ich will noch was erleben!

Was brauche ich eigentlich? Selbstcoaching leicht gemacht

Ihren Themen Priorität einräumen

Mit dieser Hinwendung zu uns selbst melden sich auf einmal all die Themen, für die wir lange keine Zeit hatten oder die wir verdrängten und die nun am liebsten alle auf einmal beachtet und zur selben Zeit gelöst werden wollen.

> Es kann daher sein, dass sich bei Ihnen zu Beginn des Coachings viele Gedanken und Bedürfnisse zugleich melden.

Unsere Bedürfnisse verhalten sich dann ein wenig wie Kinder, die aufgrund von Regenwetter länger nicht nach draußen durften. Endlich scheint die Sonne und man öffnet ihnen die Tür zum Garten. Sie wissen, wie das aussieht, wenn die Kinder rausstürmen, und mit welchem Geräuschpegel das verbunden ist. Genauso ergeht es Gefühlen, die zu lange unbeachtet geblieben sind. Es zeigen sich mit einem Mal so viele verschiedene Themen und am liebsten möchte man alle zur gleichen Zeit angehen. Und wie in dieser Kindergartensituation kann es sein, dass Sie kopflos reagieren und schnell zu Theo laufen, weil er Marius mit der Schippe auf den Kopf haut, aber da schreit schon Katharina in der anderen Ecke, und Sie rufen ihr etwas zu und würden auch hinlaufen, wäre da nicht Sophie, die sich mit Laura um eine Puppe streitet. Nach einer Stunde sind Sie komplett erschöpft.

Was Sie mit den Kindern nicht können, können Sie jedoch mit den Gefühlen und Bedürfnissen: sie sortieren, ihnen eine Rangordnung geben und sie dann ihrer Dringlichkeit entsprechend nacheinander betrachten. Gefühle machen auch meist, was Sie Ihnen sagen. Auch mal eine schöne Erfahrung, oder? Die Gefühle wollen nämlich vor allem eines: beachtet werden. Das heißt, einem Gefühl genügt es oft schon, wenn Sie sagen: »Jetzt nicht, aber nachher wende ich mich dir zu!« Es will sicher sein, dass Sie es gesehen haben und auf

21

das Thema zurückkommen, dann beruhigt es sich von allein und wartet. Lässt sich das Gefühl nicht ins Wartezimmer bugsieren, dann ist es ein wichtiges Gefühl, dem Sie tatsächlich Vorrang geben sollten.

Damit Sie nicht von einem Thema zum anderen springen, ist es also sinnvoll, sich eine persönliche Hitliste von Fragen, Bedürfnissen und Situationen zu erstellen. Sie brauchen die Punkte jedoch nicht akribisch abzuarbeiten! Eine solche Liste ist nur eine Erinnerung für Sie. Manche Themen lösen sich von alleine, indem wir andere bearbeiten, oder neue Themen tun sich auf. Ihre Liste ist zudem für Ihr Unterbewusstsein das Signal, dass nichts vergessen wird. So fällt es Ihnen leichter, sich auf ein Thema nach dem anderen einzulassen.

Manche Klienten mögen keine Listen und entscheiden sich lieber für bunte Moderationskarten. Jeweils ein Thema wird auf eine Karte geschrieben. Schnell zeigen sich auch so Schwerpunkte oder Themeninseln.

Die Liste einer Klientin sah zum Beispiel so aus:

- Ich möchte von meinem Mann im Haushalt deutlicher entlastet werden, damit ich meinen Arbeitstag nicht bereits erschöpft beginne.
- In Zukunft möchte ich Nein sagen lernen.
- Ich möchte mich in Elterngesprächen besser verhalten.
- Ich brauche mehr Pausen.
- Es fehlt mir an Anregung.
- Ich habe keine Perspektive.
- Ich will nicht mehr so müde sein.

Vielleicht erkennen Sie schon, da ist nur ein Thema klar formuliert, das mit der häuslichen Entlastung. Allerdings in Form eines Auftrags und zwar an den Partner. Die anderen Themen lassen viele Interpretationsmöglichkeiten zu und sind noch nicht klar. Aber als erste Sammlung ist diese Liste wirklich nützlich.

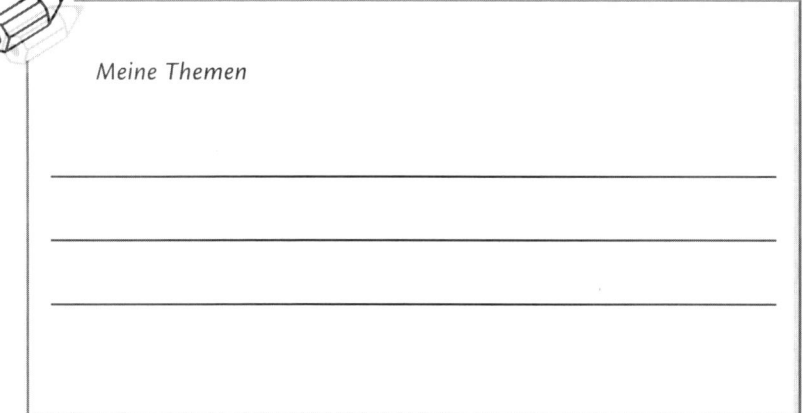

Meine Themen

_____

_____

_____

Nun sollten Sie sich für ein Thema entscheiden, denn es ist anstrengend, zu viele Bereiche gleichzeitig zu betrachten. Die Klientin dieser Liste entschied sich erst einmal dafür, die häuslichen Aufgaben mit ihrem Partner neu zu regeln. Das macht auch Sinn, denn wenn man bereits vom Haushalt ermüdet im Kindergarten eintrifft, dann kann der Tag nur eine Überforderung werden.

Sie erstellte eine Liste der Hausarbeiten und vermerkte auch, wie viel Zeit diese Aufgaben beanspruchen. Sie kennen das, man findet sich sonst schnell beim Lamentieren wieder (»Du weißt gar nicht, was ich alles mache, ich mache nämlich ...«), und wenn man Pech hat, dann dreht der Partner das Radio auf und es läuft der Song »Das bisschen Haushalt ...« Das ist für alle Rollen und Tätigkeiten ein schlechter Ausgangspunkt. Also lieber zuerst ordnen, aufmalen oder aufschreiben und kenntlich machen, wie viel Zeit jeweils beansprucht wird.

So entsteht eine Basis, auf der in diesem Fall meine Klientin ihrem Partner in einem konzentrierten Gespräch aufzeigen konnte, was zu tun war, und dann wurde gemeinsam verhandelt, wie sich die Aufgaben neu verteilen lassen.

23

Egal, welche Lösungen Sie auch sammeln und definieren, lassen Sie sich die Möglichkeit zur Änderung immer offen. Lösungen müssen erprobt werden, erst dann weiß man, ob sie passen. Solange eine Lösung nicht wirklich sitzt, ist es keine Lösung – es sei denn, Sie entschließen sich dazu, die nicht ganz passgenaue Lösung als die zweitbeste anzuerkennen, und damit nicht die beste, aber die »möglichste« Lösung zu wählen. Auch die zweitbeste Lösung wird nach gegebener Zeit überprüft und die Suche nach der besten Lösung darüber nicht vergessen.

Ich persönlich arbeite gerne mit der Lösungssonne (siehe Grafik). Auf jeden Strahl schreibe ich eine Idee und am Schluss wähle ich den für mich ersten oder besten Schritt aus. Wenn wir viele Lösungen haben, erlangen wir Klarheit und die Sonne beginnt für uns wieder zu scheinen.

Die Lösungssonne

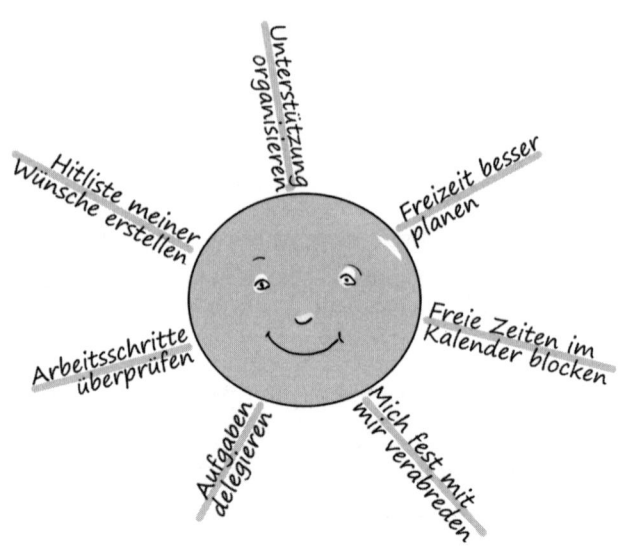

Was brauche ich eigentlich? Selbstcoaching leicht gemacht

Ihre persönliche Selbstcoachingstunde

Nehmen wir einmal an, Sie haben das Thema »Ich möchte von den Eltern der Kinder als Expertin anerkannt und behandelt werden« gewählt. Wie gehen Sie nun vor?

Was die Zeit und die Umstände Ihres Selbstcoachings angehen, so ist dies eine sehr persönliche Entscheidung. Es muss nicht einmal eine separate Zeiteinheit sein, sondern Ihr Coaching könnte auch in Ihren Tagesablauf einfließen. Im Grunde ist es so etwas wie eine Temperamentsfrage, ähnlich wie mit dem Meditieren. Die einen müssen sich jeden Tag still hinsetzen und die Gedanken abschalten, die anderen joggen und die nächsten gehen mit dem Hund raus und denken dabei nach. Oft erzählen mir Klienten, dass sie während langer Fahrtzeiten mit sich ins Gespräch gehen. Allerdings können Sie dabei nichts aufschreiben, und für ein Selbstcoaching finde ich dies sehr, sehr unterstützend. Schließlich ist niemand da, der Sie später an Gedanken, Ziele, Vorbehalte oder Lösungen erinnert. Ein paar Notizen in Ihrem Buch werden Ihnen Erinnerung und Hilfe sein.

Es ist letztlich egal, wann und wo Sie mit sich sprechen. Wichtig ist nur, dass Ort und Zeit passen, das heißt, Sie so ungestört sind, dass Sie sich auf sich selbst konzentrieren können. Sie wollen ja Fragen stellen, zuhören und genügend Zeit zum Nachdenken und Antworten haben. Bitte kein Druck! Sie *müssen* zu keinem Ergebnis kommen, aber Sie dürfen! Auch im Coaching ist manchmal der Weg das Ziel, doch häufig haben Menschen sehr schnell ein Gespür dafür, ob der eingeschlagene Weg der richtige ist.

Ein möglicher erster Schritt

Schreiben Sie erst einmal auf ein Blatt, was Sie im Zusammenhang mit dem Thema beschäftigt. Oft ist das Anliegen kurz, aber die Themen, die sich dahinter verbergen sind vielfältig. Um bei unserem Beispiel »Elterngespräch« zu bleiben, könnten das Aspekte sein wie:

- Ich will verbal sicherer sein.
- Mir mangelt es an Wissen.
- Ich möchte die Zeit des Gesprächs mitbestimmen.
- Ich möchte präziser formulieren können.
- Ich möchte exakter von dem Kind berichten.

Sie sehen schon, das sind ganz unterschiedliche Themen. Einmal geht es um Weiterbildung, einmal um Organisation und einmal um Selbstbewusstsein.

Betrachten Sie Ihre Liste und fühlen Sie hin. Die Themen, die gerade brennen, melden sich deutlich, die anderen melden sich nach und nach an. Manchmal stellt sich auch noch mal etwas um. Das passiert sogar recht häufig. Man denkt, es geht um das Elterngespräch, dabei ist es doch die Zusammenarbeit mit der Kollegin, die wirklich im Argen liegt. Fühlen Sie hin, betrachten Sie die Bilder, die Ihnen dazu kommen, und entscheiden Sie, welches Thema gerade am wichtigsten oder reizvollsten ist. Voilà – damit hätten Sie zum einen Ihre persönliche »Hitliste« und zum anderen das Thema, das Sie zuerst angehen möchten.

Fragen, die Sie sich als Coach stellen können

- Um was geht es mir genau?
- Gibt es Beispiele dafür?
- Was wünsche ich mir?
- Wofür ist es gut, es so zu machen, wie es war?
- Wofür ist es gut, es neu zu gestalten?
- Gibt es etwas, das ich selbst dazu beitragen kann?
- Wie lautet mein Ziel?
- Was bremst mich?
- Wenn das, was mich bremst, eine gute Absicht hätte, wie würde diese lauten?
- Woran werde ich merken, dass ich mein Ziel erreicht habe?
- Wie werden meine Familie und meine Kolleginnen damit umgehen?

Was brauche ich eigentlich? Selbstcoaching leicht gemacht

- Falls diese reserviert sind, gibt es eine Möglichkeit, sie mit ins Boot zu holen?

Was die positive Absicht einer belasteten Situation angeht, stutzen erst einmal viele Menschen. »Was soll das denn?«, fragte mich Alexandra, eine junge Erzieherin. »Meine Kollegin nervt mich und da ist nichts Positives dabei.« Ich ließ die junge Frau den »Nerv« beschreiben und sie zeigte mir, wo er sich körperlich bei ihr meldete. Es war ein ungutes Kribbeln in der Kehlengegend.

»Und wenn wir den ›Nerv‹ nun fragen würden, warum er das macht, warum er sich so heftig meldet, was er Ihnen Gutes mitteilen will, was wäre seine Antwort?«

»Er würde mir sagen, dass ich nicht mehr länger schlucken darf, sondern reden muss. Ich muss sagen, was mich stört, und vielleicht finden wir eine Lösung.«

Kleiner Tipp am Rande
Beschreiben Sie lieber das, was Sie wollen, als das, was Ihnen missfällt. Wenn Sie wissen, was Sie sich wünschen, dann können Sie es sich erfüllen oder eine Kollegin kann Ihnen entspannt darauf antworten. Wenn Ihr Einstieg das ist, was Sie nicht wollen, ist die Gefahr von Retourkutschen groß, oder Entgegnungen wie: »Ja, meinst du, mir geht's anders? Mach du doch erst mal ...«

Gönnen Sie sich viele Pausen zum Nachdenken und Reflektieren. Das gehört zu einem Coachingprozess dazu! Sie möchten sich selbst auf die Spur kommen, das braucht Zeit und wirkt dann am besten, wenn Sie am Ball bleiben, aber eher spielerisch, mit Leichtigkeit und mit Humor.

Es gibt viele Menschen, die beim Joggen oder Walken nachdenken und zu sich kommen. Ich selbst habe mir angewöhnt, über viele Themen zu *schwimmen*. Besonders, wenn mir etwas auf der Seele liegt, gehe ich spät abends ins Fitnesscenter und schwimme meine

Runden. Es ist dort dann ganz ruhig und oft bin ich völlig allein im Wasser. Ich nehme mir eine Frage oder ein Thema vor und schwimme dann drüber. Nach 45 Minuten – denn so lange schwimme ich – habe ich einen guten Überblick. Nach dem Schwimmen weiß ich, ob es ein Thema gibt, das mehr Tiefe und Zeit benötigt, oder ich habe eine Frage sehr genau und von vielen Seiten bedacht.

Gestern schwamm ich über der Frage: »Was ist *mein* Thema? *Für was stehe ich, als Person?*« Das Schwimmen war sehr spannend, und als ich das Becken wieder verließ, da wusste ich, was das Thema ist, das mich mein ganzen Leben bereits begleitet und in dem ich mich wirklich gut auskenne: *zu sich stehen, sich zeigen*. Ich hatte eine Menge Erinnerungen und Bilder im Kopf. Sah mich als Fünfzehnjährige, wie ich auf meinem Tisch im Klassenzimmer stand und eine flammende Rede hielt. Ich erinnerte mich auch, welchen Ärger mir meine ungebremste Leidenschaft schon eingebracht hat. Mein Suchen und ständiges Ringen um den richtigen Ausdruck meiner Wahrheit. Das Einstehen für die Schwachen. Der Mut, mit dem ich andere Menschen vorgeschlagen und in Positionen gebracht habe. Ich erkannte viele leuchtende und auch viele dunkle Aspekte. Viele Beispiele des großen Ganzen taten sich mir auf, und heute habe ich schon einen Plan, wie ich die erschwommenen Ideen und Gedanken weiterentwickeln möchte. Denn wenn das Thema ist, »zu sich zu stehen«, und ich darüber auch in Vorträgen oder Büchern sprechen will, muss ich mir einen Teilbereich erwählen. Dazu brauche ich aber wieder ein Blatt Papier, denn wenn ich mir alles ohne schriftliche Unterstützung merken möchte, können wertvolle Informationen verloren gehen. Zudem führt mich das erste Sammelsurium hin zur Entscheidung. Auch für solche Fälle ist die »Lösungssonne« hilfreich. Auf ihren Strahlen finden sich dann die Themen, Aspekte und Gedanken.

Zuweilen arbeite ich mit einer anderen Schwimm-Variation, die nicht ein großes Thema behandelt, sondern Raum für die Themen gibt, die sich gerade melden. Ich nehme verschiedene Fragen und Themen mit ins Wasser, schwimme jedoch über jedes Einzelne nur jeweils fünf Minuten. Das ist meine Vereinbarung mit mir und ich halte mich akribisch genau daran. In fünf Minuten kommt schon eine hübsche Anzahl von Gedanken zusammen!

Sowohl für einen ersten Überblick als auch für einen Tiefgang ist das Schwimmen für mich also eine prima Sache. Vor allen Dingen ist das Schwimmen nicht mehr so elend lang und langweilig. Ich schwimme nämlich eigentlich nicht gern. Wenn Sie so wollen, unterhalte ich mich selbst und vertreibe mir die Zeit.

Christiane, eine langjährige Erzieherin, beschreibt ihren Coaching-Prozess mit diesen Worten: »Als ich mich dafür entschied, einige Themen genauer zu betrachten, da entdeckte ich mit einem Mal Zusammenhänge, die ich zuvor so nicht wahrgenommen hatte. Mein Leben wurde wie ein Haus mit vielen Fenstern. Ich saß innen und zog einen Rollladen nach dem anderen hoch. Es wurde ganz hell, und ich sah auf einmal, was ich alles an guten Fähigkeiten hatte!« Christiane arbeitet seit fünfzehn Jahren als Erzieherin. Nachdem sie sich ihre eigenen Motive genauer betrachtet hatte, lernte sie diese zu steuern und ihre Fähigkeiten besser zu nutzen. Darunter fanden sich zum Beispiel Christianes Talent zur Diplomatie, ihr Zugang auch zu schwierigen Eltern und ihr Wunsch, mehr Anerkennung für diese Fähigkeiten zu erhalten. Auch von sich selbst.

Bei Ihren Gedankenspaziergängen werden Ihnen viele Stolpersteine auffallen, die Ihnen im Alltag zu schaffen machen, aber auch viele Themen, die Sie bereits bewältigt, Ressourcen und Fähigkeiten, die Sie längst entwickelt haben. Bitte notieren Sie auch Ihre Stärken! Nur zu schnell verlieren wir die aus den Augen und ich finde, man kann nicht oft genug notieren und lesen, welche Kompetenzen in einem stecken.

Gute Fragen stellen

In einem Coaching-Gespräch werden vor allem viele anregende Fragen gestellt. Fragen helfen, dass sich ein Thema noch besser herauskristallisieren kann und sich dadurch die Lösung schneller zeigt.

Ich habe es bereits verraten, ich bin eine Fragensammlerin geworden! In meinen Augen werden in der Welt viel zu viele Antworten gegeben und viel zu wenige überdachte Fragen gestellt. Fragen haben große Macht und bewegen viel. Wie wichtig gute Fragen sind, durfte ich über viele Jahren in meiner Tätigkeit als Rundfunkjournalistin lernen. Fragen begeistern mich seitdem, denn je besser die Frage, desto besser auch die Antwort.

Offene Fragen

Offene Fragen lassen mehrere Antworten und Beispiele zu. Sie geben Ihrem Gegenüber (oder auch sich selbst, wenn Sie diese Fragen an sich richten) die Möglichkeit nachzudenken und von sich zu berichten.

- Wie hast du die Situation erlebt?
- Was ärgert dich genau?
- Kannst du mir schildern, wie sich das für dich anfühlt?
- Gibt es einen Hintergrund dazu?
- Welche Lösung würde dir am besten gefallen?
- Was müssten wir beschließen, damit es dir gut damit geht?
- Welche Beispiele fallen dir ein?
- Welche Aufgabe würde dir am ehesten zusagen?

Geschlossene Fragen

Geschlossene Fragen lassen nur ein »Ja« oder »Nein« zu. Die Fragen ermuntern zu keiner Reflektion und in der Regel werden keine Beispiele erzählt.

- Sollen wir einen Elternabend machen?
- Stimmst du zu?
- Übernimmst du die Aufgabe?
- Ärgert dich das?

Die Fragetechniken, die Journalisten lernen, lassen sich sehr gut auf Coaching übertragen und Sie werden Interviews im Radio zukünftig vielleicht nicht nur wegen der Antworten, sondern besonders wegen der Fragen aufmerksam verfolgen. Man nimmt immer mal wieder eine gute Anregung zum Fragen mit.

Vom Ziel zur Strategie

Durch die innere Auseinandersetzung hat sich nun ein Ziel herausgebildet. Das heißt es nun zu präzisieren, zu verfolgen und zu verwirklichen. Dabei hilft eine Strategie.

> Unter einer Strategie, früher eher militärisch verwendet, versteht man in Unternehmen und in der Wirtschaft aufeinander abgestimmte und geplante Schritte und Maßnahmen, die zur Erreichung eines Zieles führen.

Man unterteilt dabei die Ziele in Nahziele (der nächste Monat bis hin zu einem Jahr), mittelfristige Ziele (ca. zwei bis vier Jahre) und langfristige Ziele (ca. vier bis acht Jahre). Die Arbeit mit Zielen ist Ihnen aus der Pädagogik sehr vertraut. Nie habe ich Zielplanung besser gelernt als in meiner Erzieherinnenausbildung. Wie Sie es bei der Planung der Entwicklungsschritte eines Kindes machen, können auch Sie bei Ihren eigenen Zielen die einzelnen Schritte definieren und Zeiten dafür benennen. Zeiten machen ein Ziel überprüfbar.

1. Wo stehen Sie?
- Was ist Ihr Ausgangspunkt?
- Was läuft schon gut?
- Auf was können Sie aufbauen?

2. Wo möchten Sie hin?
- Welche Wünsche haben Sie?
- Was wollen Sie erreichen?
- Wie wird sich diese Veränderung bemerkbar machen?

3. Zielplanung
- Ziele sind positiv, deutlich, überprüfbar und planbar zu formulieren.
- Wie lautet Ihr Ziel?
- Haben Sie ein Bild, einen Satz oder ein Vorstellung über Ihre Ziele?
- Woran werden Sie merken, dass Sie Ihr Ziel erreicht haben?
- Ist jemand an der Umsetzung beteiligt?
- Erkennen Sie Hürden oder Widersprüche?
- Wer unterstützt Sie?
- Haben Sie ein Vorbild?
- Was wird Sie motivieren?
- Wie werden Sie sich belohnen?

4. Wie lautet Ihr persönlicher Motivationssatz?

_____

_____

Nicht zuletzt ist es wichtig, dass Sie Ihr Ziel auch umsetzen können. Das heißt, dass Sie die Kraft dafür haben, die Mittel und Sie keine Grabenkämpfe mit Kolleginnen oder in Ihrer Familie austragen. Je besser sich Ihre Strategie in Ihr Leben einfügt, desto eher wird sich Ihr Ziel verwirklichen lassen.

Ins Gleichgewicht kommen: Work-Life-Balance

Wenn meine frühere Klassenkameradin Marietta über etwas klagt, ist es ihre Dauermüdigkeit und die permanente Überlastung, der sie im Kindergartenalltag ausgesetzt ist. »Nicht nur ich bin so k.o.«, berichtet sie mir immer wieder, »auch meine Kolleginnen. Wir missachten permanent unsere Grenzen und deswegen ist ständig eine von uns krank.« Ein Teufelskreis! Eine ist überfordert und wird krank, die anderen übernehmen, überfordern sich dadurch und werden krank, und die Kollegin, die dann wiederkommt, übernimmt bis zur Erschöpfung, weil bereits die nächste Kollegin krank ist. Dann geht der Kreislauf von vorne los. »Es ist eine ausweglose Situation«, erklärt mir Marietta und oft genug beginnen wir an diesem Punkt leidenschaftlich zu diskutieren.

Die Situation in Kindergärten ist alles andere als einfach! Etwas aber mit *ausweglos* zu betiteln, macht uns zum Opfer der Situation, der Willkür eines anderen Menschen, der Führungsetage, einer Behörde oder irgendwelcher Gesetze. Wenn sich etwas ändern soll, dann muss ein Ausweg gefunden werden, mag es auch noch so lange dauern oder knifflig sein, bis man ihn endlich hat. Genau an dieser Stelle können Sie beginnen, denn es handelt sich um *Ihr* Leben.

Es ist Ihnen zwar ein Kontext vorgegeben, aber diesen können Sie im Rahmen Ihrer Möglichkeiten gestalten. Sie sind *handlungsfähig*. Für viele Menschen, die unter Stress leiden, wirkt diese erste Einsicht manchmal bereits wie eine Offenbarung.

Frage
- Was können Sie selbst sofort verändern, um mehr Entspannung zu gewinnen?
- Welche Anregungen können Sie geben, damit in Ihre Einrichtung mehr Balance kommt?

Wer sich selbst nicht wertschätzt und gut behandelt, wird dies auf Dauer gesehen auch nicht mit anderen Menschen tun. Im Sinne des Allgemeinwohls also: Seien Sie gut mit sich!

Was ist privat, was Beruf?

Sie können es probieren, aber Sie werden das eine vom anderen nicht wirklich trennen können. Alles ist Leben und alles gehört zusammen. Wenn Sie sich privat nicht abgrenzen können, werden Sie damit auch im Beruf Schwierigkeiten haben. Wenn Sie berufliche Sorgen haben, nehmen Sie die mit nach Hause, an den heimischen Küchentisch und ins Bett.

Deswegen sieht der systemische Therapeut Dr. Gunther Schmidt auch keine Trennung, wenn es um die Balance geht und benutzt eher den Begriff »*one life balance*«.

Doch egal, ob Sie diese Balance nun »one-life« oder »work-life« nennen, bestimmte Schlagworte tauchen in diesem Zusammenhang garantiert auf:

- Erschöpfung
- Konzentrationsschwäche
- Gereiztheit
- Burn-out
- Stress
- Regeneration
- Lebens- und Arbeitszufriedenheit
- Persönliche Grenzen
- Persönliche Ziele
- Balance der verschiedenen Ansprüche, beruflich und privat

Work-Life-Balance bedeutet nicht »vom Kindergarten nach daheim auf die Couch«, sondern ein ganzheitliches, auf die menschlichen Bedürfnisse abgestimmtes Leben. Dazu gehören Freizeit und Regeneration, dazu gehört aber auch der Beruf und die Freude daran.

Nun haben Sie das große Glück, dass Ihr Beruf sinnvoll ist, das heißt, Sie haben ihn bewusst gewählt, darauf hingelernt und verbinden damit Werte und Ziele. Es wäre doch interessant, an dieser Stelle einmal einen Blick darauf zu werfen. Dazu haben Sie auf der nächsten Seite Gelegenheit.

Bei manchen Berufen sind diese Fragen, von außen betrachtet, erst einmal gar nicht so leicht zu beantworten. Botengänge im Unternehmen, Putzfrauen, Pförtner – das Wort »Sinn« scheint hier zu groß. Aber wenn Sie Menschen treffen, die diese Arbeiten machen, dann können die Ihnen erzählen, wie wertvoll z.B. Botengänge sind. »Ohne mich können die anderen nicht weitermachen«, beschrieb es einmal ein Mitarbeiter in einem großen Chemieunternehmen.

Manchmal ist die berufliche Situation aber so anstrengend oder belastend, dass es schwerfällt, den Sinn zu erkennen. Die Faustregel lautet: »Wenn der Sinn einmal da war, dann ist er auch wiederzufinden.« Das ist wie mit einer verloren scheinenden Liebe auch.

35

Was gibt Ihnen Ihr Beruf?

_____

_____

Welchen Sinn sehen Sie darin?

_____

_____

Welchen Sinn möchten Sie hineingeben?

_____

_____

Welchen Sinn möchten Sie den Kindern mit auf den Weg geben?

_____

_____

Und welche Werte sind für Sie wichtig, die Sie beruflich leben möchten?

_____

_____

Ins Gleichgewicht kommen: Work-Life-Balance

Wenn Sie sich also ausgelaugt und müde fühlen und keinen Sinn mehr finden, dann kann es sein, dass es nur eine graue Wolke ist, die das Licht verdunkelt, das Sie zu Beginn Ihres beruflichen Weges sahen. Das Licht ist aber da.

Ihre derzeitige Realität

Es wird von Ihnen eine Menge Engagement für nicht entsprechende Bezahlung verlangt, und darüber hinaus erwartet man auch noch von Ihnen, dass Sie dieses Engagement nicht nur punktuell oder zu Spitzenanlässen bereitstellen, sondern stündlich und täglich aktivieren und das natürlich Ihr ganzes Berufsleben lang.

> Ich selbst habe auch im Heimbereich gearbeitet. Es war schrecklich für mich, dass »es nie aufhörte«. Kaum hatte ich einen Jugendlichen durch die Schule begleitet (mit vielen Gesprächen, Lehrertreffen und Supervisionen), stand schon der nächste in der Tür und wieder ging der ganze Zirkus von vorne los. Meine Arbeit war nie »geschafft«. Regelmäßig musste ich von Neuem beginnen, so als hätte keine Intervention gegriffen und ich all die früheren Gespräche nicht geführt. Die Probleme und Anforderungen blieben die gleichen, nur die Gesichter änderten sich.

Ähnlich wie bei Ärzten oder Krankenschwestern geht es den Ihnen anvertrauten Menschen jedoch nur wirklich gut, wenn Sie nicht nur gerne, sondern auch ganz und mit Freude bei der Sache sind. Dafür muss man jedem Menschen immer wieder und aufs Neue, frisch begegnen. Ganz egal, ob es Kollegen, Eltern und Kinder sind. Für die Kinder Ihrer Einrichtung zählen Sie zu den ersten intensiven Beziehungen auf dem jungen Lebensweg. Wie Sie mit ihnen umgehen und was Sie selbst ausstrahlen und leben, wird für diese Kleinen lebensprägend und lebensbildend sein. »Aha, so bewegt man sich also auf dieser Welt«, werden die Kinder unbewusst abspeichern.

37

Frage

Wie weit geht Ihre eigene Erinnerung zurück? Gibt es Sätze, die in Ihnen heute noch nachklingen und die Sie im Kindergarten gehört haben?

_____

_____

_____

Ich erinnere mich an eine sehr frustrierte Frau, die die erste Erzieherin, damals noch »Tante« gerufen, in meinem Leben war. Dieser Kindergarten der 60er-Jahre hat mit den heutigen Einrichtungen nicht mehr viel gemein, es handelte sich eher um eine Kinderverwahranstalt. Wie die Räume aussahen, weiß ich nicht mehr so genau, aber die Stimmung, die in diesen Räumen hing, kann ich noch heute spüren. Ich war fünf Jahre alt und ich fragte mich, warum die »Tante« so garstig und verkniffen war und wieso wir Kinder so oft angeschrieen wurden.

Damals gab es weder den Begriff von »Stress«, geschweige denn so etwas wie »Work-Life-Balance«. Die Erzieherin hätte das nicht einmal verstanden, denn damals gab es noch keine englischen Begriffe in der Umgangssprache. Vielleicht war sie auch von Natur aus herb, vielleicht hatte sie den falschen Beruf gewählt, vielleicht stand sie aber auch nur unter Dauerstress, genauso wie Sie ihn heute auch oft spüren. Allerdings ohne Verständnis und Hilfe der Kolleginnen, weil es Stress als Phänomen eben noch nicht gab. Er wurde gespürt wie heute, doch es fehlte das Wort. Vermutlich nannte man es _Ärger_, weil dieses Wort für Belastungen aller Art verwendet wurde. Wie immer es auch hieß: dass die »Tante« Stress hatte, konnte ich als Kind auf jeden Fall wahrnehmen und fühlen, denn ich und die anderen Kinder bekamen die Anspannung ab. Ich bin mir fast sicher, dass diese Erzieherin von damals nie darüber nachgedacht hat, was sie an sich oder der Situation hätte bewegen können, um die Anspannung zu verringern.

Was Sie von den Erzieherinnen von damals unterscheidet, ist die Tatsache, dass Sie Ihre Situation reflektieren. Die meisten »Tanten« von damals fühlten sich als Opfer, Untergebene und reine Angestellte. Sie wussten noch nicht, dass man Leben gestalten kann. Es war noch kein Thema in dieser Zeit. Stress fand beispielsweise in Wut ein Ventil. Das ist auch heute bei manchen Menschen so. Auch mir kann das passieren. Aber ich weiß dann, dass ich etwas unternehmen muss, damit sich meine Lage bessert. Der Stress geht nicht von selbst und mein Leben kommt nicht von alleine wieder in Balance. Die »Tante« von damals brüllte einfach los und es hagelte sogar Ohrfeigen und Fiesheiten aller Art.

> Ich muss mich um mich kümmern!
> Und das bedeutet zuerst: Ich sollte verstehen.

Mit dem Verständnis hören die inneren Kämpfe auf und Sie können in die Planung kommen. Handelt es sich um Stress, dann geht der nicht von allein. Es verändert sich fast nichts, auch wenn wir uns ständig sagen, dass nach Ostern, in den Ferien, nach Weihnachten alles besser wird. Besser wird es in der Regel nur, wenn wir unseren Stress betrachten und das Leben neu gestalten. Das ist Ihre Chance! (Die besonders vor Ostern, vor den Ferien und vor Weihnachten zu suchen ist.)

Ihre derzeitige Realität

Immer dieser Stress!

Stress hat viele Auswirkungen. Oft sind die Symptome so belastend, drängend und alarmierend, dass man tatsächlich meint, es ginge ums Überleben. Wir sind in Alarmbereitschaft. Genauso war es einmal von der Natur gedacht: Da ist eine Gefahr und alles im Körper richtet sich auf Kampf oder Flucht ein. Deswegen sind häufig besonders die Extremitäten davon betroffen.

Bereit zu Kampf oder Flucht

Die Arme machen sich stark – die Schultern spannen sich an.
Der Rücken ist in Spannung – und dabei verspannt.
Die Beine wollen loslaufen – die Muskeln sind verkrampft.
Der Körper will »leicht« werden – der Darm reagiert.
Wir suchen eine Lösung – der Blick wird »stier«.

Stress ist an sich eine gute Idee der Natur, allerdings nur, wenn er punktuell auftaucht und das ausgeschüttete Adrenalin anschließend durch Aktion (Flucht oder Angriff) wieder abgebaut werden kann. Wann begegnen uns heute aber derart gefährliche Situationen schon? Es gibt keinen Bär, der auf uns zustürmt, keine Löwen, Tiger, Elefanten und hoffentlich keine kriegerischen Momente. Wir bräuchten die Flucht-Reaktion eigentlich nicht mehr, mit der unser Körper steinzeitlich auf zuweilen harmlose Situationen reagiert. Obwohl wir nur im Stau stehen, ein Termin bedrohlich naht, die Kinder wild im Flur rennen oder unsere Kollegin uns etwas zuruft, obwohl sie doch weiß, dass wir sie aufgrund des Lärms nicht hören können, fühlen wir uns, als würde uns ein Löwe jagen. Das Herz schlägt schneller, die Muskeln spannen an und wir möchten aufspringen und wegrennen oder uns in einer Ecke verkriechen oder wie es in Italien heißt, »gegen den Himmel boxen«, was nichts bewirkt, weil der Himmel macht, was er will.

»Stress« hat als Begriff übrigens erst einmal gar nichts mit dem Menschen zu tun. Es handelt sich um einen Begriff aus der Physik. Stress bedeutet hier den Zug oder Druck auf ein Material. In den 50er Jahren übertrug der Mediziner Hans Selye diesen Begriff auf die Menschen. Zug und Druck setzte er mit innerlichen und äußerlichen Reizimpulsen gleich.

Stress-Symptome erkennen

Stress beginnt da, wo Sie sich einer Situation ausgeliefert fühlen. Sie haben dann ein Gefühl von »Ich bekomme es nicht mehr in den Griff« und reagieren mit seelischen und/oder körperlichen Signalen. Sie spüren Ihren Herzschlag, sind verkrampft, Ihr Mund wird trockner und Sie entwickeln physisch und psychisch so etwas wie einen Tunnelblick. Der Tunnelblick zeigte unseren Vorfahren, wo der Ausgang, der Weg in die Flucht ist. In unserer heutigen Welt hindert uns der Tunnelblick daran, alle Lösungen zu finden, die sich zeigen.

Stress bedeutet heute, dass wir unter Dauerstrom stehen und uns »alles« zu viel zu werden droht: Menschen werden zur Belastung, egal ob sie etwas fordern oder mit uns ins Kino gehen wollen. Der Schlaf wird bei manchem vom ewigen Gedankenkarussell beeinträchtigt. Die Lust auf Sexualität kann nachlassen. »Ich kann nicht mehr. Jetzt soll ich auch noch öfter mit meinem Freund schlafen!«, beschrieb eine Klientin mit knappen Worten ihre Situation. Stress ist ein Zeichen, dass es etwas zu verändern gilt. Sofort oder generell. Aber die Symptome von Stress lassen sich nicht auf Knopfdruck abstellen. Körper und Seele benötigen Zuwendung und Zeit, bis sich die gesunde Spannung wieder ganz eingestellt hat.

41

Guter oder schlechter Stress?

Nehmen wir einmal an, Sie planten ein großes Fest, auf das Sie sich sehr freuen. Sie müssen einkaufen, Einladungen verschicken und die Anzahl der Übernachtungen planen. Alles ist ganz schön hektisch. Sie spüren so etwas wie Stress, aber immer, wenn Sie an das Fest denken, dann leuchten Ihre Augen. Es handelt sich hier um den sogenannten Eustress. Dieser Stress macht Sie munter und hilft Ihnen, an alles Wichtige zu denken. Der Gedanke an das Fest macht Sie aktiv und bringt Seele und Körper zum Klingen. Stress ist also nicht gleich Stress. Stress kann zuweilen richtig positiv sein. Der Stress, der uns belastet und atemlos macht, wird Distress genannt. Er mobilisiert uns nicht freudig, sondern mit Befürchtungen und Angst.

Wenn wir unter unguten Stress geraten, sind Seele und Körper gleichermaßen betroffen. Das Immunsystem schützt uns nicht mehr in idealer Weise und der Körper möchte uns am liebsten lahmlegen. Menschen reagieren mit Rückenproblemen, der Nacken ist verspannt, wir schlafen nicht mehr so gut, die Gedanken belasten uns auch in der Nacht, es kommt zu einer höheren Konzentration von Adrenalin und Noradrenalin im Blut, was den Blutgefäßen auf Dauer schadet. In Stresssituationen wird zudem ein bestimmtes Protein in den Zellen aktiv, das Entzündungen hervorruft und frühzeitige Abbauprozesse in Gang bringt: Unsere Körperzellen altern schneller.

Viele umgangssprachliche Ausdrücke sind sehr treffend, wenn es darum geht, körperliche Reaktionen auf Stress darzustellen. Dass der Körper nicht lügt, ist eine psychotherapeutische Gewissheit. Wir sollten körperliche Symptome daher ernst nehmen und nicht darüber hinwegblicken.

Der Volksmund weiß, wie Organe sprechen

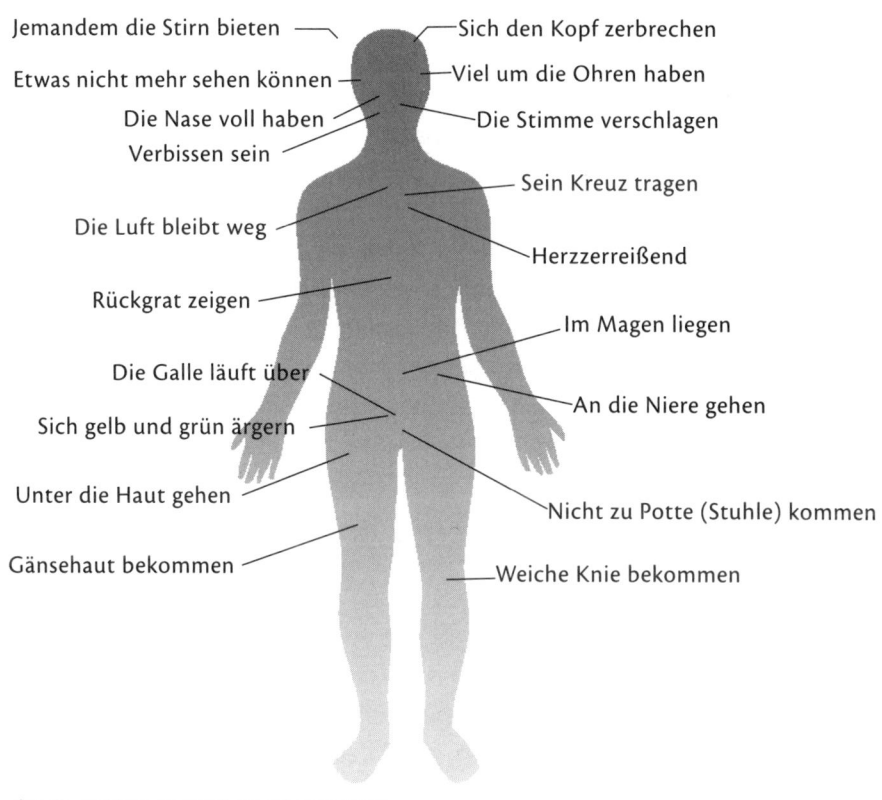

Jemandem die Stirn bieten

Etwas nicht mehr sehen können

Die Nase voll haben

Verbissen sein

Die Luft bleibt weg

Rückgrat zeigen

Die Galle läuft über

Sich gelb und grün ärgern

Unter die Haut gehen

Gänsehaut bekommen

Sich den Kopf zerbrechen

Viel um die Ohren haben

Die Stimme verschlagen

Sein Kreuz tragen

Herzzerreißend

Im Magen liegen

An die Niere gehen

Nicht zu Potte (Stuhle) kommen

Weiche Knie bekommen

(Quelle: Mobbing, IG Metall, Frankfurt/M. 1997)

Wenn die Stresskugel ins Rollen kommt

Stress wird ausgelöst ... Das bedeutet, es ist etwas da, was uns stresst. Das kann Zeitdruck sein, ein Projekt, beruflicher Druck, aber auch Hitze oder Lärm. Auch Musik kann stressen. Oder Bilder, die in einem zu schnellen Ablauf gezeigt werden. Manche Menschen fühlen sich durch Zigarettenrauch in Kneipen gestresst oder von zu vollen Straßenbahnen. Etwas ist nicht gesund, nicht so, wie es sein soll oder wir es gerne haben möchten.

43

Immer dieser Stress!

Deswegen werden wir erst recht gestresst, wenn uns jemand väterlich rät: »Nun komm mal runter!« oder besserwisserisch fragt: »Warum lässt du dich so stressen?« Aufforderungen zur Gelassenheit lassen den Stresspegel erst recht ansteigen. Es sind persönliche Einstellungen, Befindlichkeiten, Erwartungshaltungen, Ängste und Befürchtungen, die Stress auslösen.

Wenn Stress im Privatleben oder am Arbeitsplatz entsteht, liegt dies oft an verschiedenen Faktoren. Typische Stressoren sind Überforderungen, z.B. durch Doppelbelastungen durch Beruf und Familie. Nicht selten bringen auch Auseinandersetzungen mit dem Partner, Kolleginnen, Eltern oder Bekannten jemanden so richtig in Stress. Fast immer ist es aber so, dass Betroffene, die unter Stress stehen, die Übersicht über die Belastungen verlieren. Daher ist oft der erste Schritt in eine gesunde Work-Life-Balance die Stressbewältigung.

Mit Stress konstruktiv umgehen lernen

Allein zu wissen, dass es Stress gibt und wie er entsteht, macht den Stress noch nicht leichter. Da Stress etwas sehr Individuelles ist, sind auch gute Auswege immer maßgeschneidert. Das heißt, Sie müssen für sich herausfinden, welche Auslöser Sie unter Stress bringen und was in der Vergangenheit bereits wohltuend war. Über welchen Sinneskanal können Sie sich besonders gut erholen?

- Helfen Ihnen kurze Pausen?
- Entspannt Sie frische Luft oder ein Gespräch?
- Ist es Tee, der Ihnen ein wohliges Gefühl und Ruhe gibt?
- Ein bestimmter Duft?

Stressbewältigung – was ist wirksam?

Wirksame Entspannungsmethoden können u.a. Autogenes Training, Progressive Muskelentspannung nach Jacobson oder Stressbewältigung durch Achtsamkeit (MBSR/Mindfulness-based Stress Reduction) sein. Es gibt auch ausgebildete Stressberater, die im Gespräch versuchen herauszufinden, welche Faktoren die Klientin als belastend empfindet. Da sich immer mehr Krankenkassen dieses Themas annehmen, wäre es vielleicht eine gute Idee, einmal solch eine Stressberaterin in Ihre Einrichtung einzuladen. Gemeinsam, im Team, können Sie sich dann das Thema Stress betrachten, erfahren Neues und in Einzelgesprächen stehen dann die individuellen Work-Life-Balance-Konzepte im Mittelpunkt.

Stressbewältigung ist, wie gesagt, eine sehr private Angelegenheit. Aber es finden sich dennoch Bausteine, die sich für viele Menschen als hilfreich erwiesen haben. Nehmen Sie am besten Ihr »Reise-Tagebuch« zur Hand, wenn Sie die Aspekte auf den nächsten Seiten lesen, und machen Sie sich Notizen. Was könnten Sie wie in Ihrem Leben umsetzen? Was hat für Sie höchste Priorität? Womit möchten Sie anfangen?

Werden Sie achtsam

Konzentrieren Sie sich auf das, was ist, und nicht auf das, was war oder kommt. Das gilt nicht nur für Tätigkeiten, sondern auch für Gedanken, Gefühle, Empfindungen des Körpers, Geräusche. Werden Sie gewahr, dass Sie denken, aber machen Sie sich klar, dass nicht alles, was Sie denken, auch wahr sein muss. Auf diese Weise bleiben Sie neutral und vermeiden, in Gedankenkarusselle einzusteigen. Wenn der Gedanke Ihnen wichtig erscheint, dann reservieren Sie sich für diesen Gedanken Zeit. »Jetzt kann ich mich nicht damit beschäftigen, denn ich bin im Stuhlkreis. Danach werde ich darüber nachdenken.« Ihre Gedanken werden sich beruhigen und ruhiger werden, weil Sie versprochen haben, sich ihrer wirklich intensiv und bewusst später anzunehmen. Achtsamkeit bewirkt, dass wir uns selbst wahrnehmen, gleichzeitig mehr Abstand zu uns bekommen und uns weniger mit dem Stress identifizieren. Die achtsame Haltung ermöglicht schneller und klarer zu erkennen, in welcher Situation im Leben Handlungsbedarf besteht und welche Handlungsmöglichkeiten wir zur Verfügung haben.

Akzeptieren Sie Ihre Grenzen

Nicht nur Ihre Energie hat Grenzen, auch Situationen und Einflussmöglichkeiten haben Einschränkungen. Sie können sich selbst verändern, aber keine anderen Menschen. So sehr Sie sich vielleicht auch etwas für ein Kind wünschen, wenn die Eltern eine andere Sicht haben und auf dieser beharren, ist Ihr Handlungsspielraum begrenzt. Sie können jetzt nur auf eine Veränderung hoffen und auf die Zeit zählen. Aber erst einmal sind Ihre Möglichkeiten ausgeschöpft. Grenzen zu akzeptieren ist nicht mit aufgeben gleichzusetzen. Es geht um ein bewusstes Beobachten und Analysieren einer Situation und darum, dann zu handeln, wenn Handlung wirksam werden kann.

Manchmal sage ich meinen Klienten auch, dass sie bestimmte Dinge, die sie selbst nicht ändern können, Gott oder einer größeren Kraft übertragen sollen. Im sogenannten Gelassenheitsgebet, das vermutlich von dem deutsch-amerikanischen Theologen Reinhold Niebuhr stammt, ist das wunderbar beschrieben.

Gott, gib mir die Gelassenheit,
Dinge hinzunehmen,
die ich nicht ändern kann,
den Mut, Dinge zu ändern,
die ich ändern kann,
und die Weisheit,
das eine von dem andern zu unterscheiden.

Bewegen Sie sich

Sich zu bewegen, an der frischen Luft zu sein, zu laufen, zu spazieren, Fahrrad zu fahren, das sind einige der schönsten Möglichkeiten, wieder in die Ruhe zu kommen. Es ist nicht allein die Bewegung, die hier zählt, sondern in der freien Natur sind die Eindrücke vielfältig, die unser Gemüt erhellen und auf uns einwirken. Die frische Luft, das Zwitschern der Vögel, unsere Schritte auf dem Weg, der Geruch von Blättern, Moos und Pilzen. Ein Spaziergang zu zweit bietet die Möglichkeit zu einem längeren Gespräch oder stillem, aber vertrauten Miteinandersein. Nach einem Spaziergang fühlen sich viele Menschen »aufgeräumter«.

Verlassen Sie alte Strukturen

Gehen Sie neue Wege – auch in Ihren Gedanken. Stress ist vor allem eine Sache des Kopfes. Wie wir mit uns selbst umgehen und sprechen hat Auswirkungen auf unsere gesamte Lebenshaltung. Gedanken können uns unterstützen oder zu einer weiteren Belastung werden. Wenn Sie eine aktuelle schwierige Situation äußerlich nicht verändern können, gelingt es Ihnen dennoch, einen Gesichtspunkt daran wahrzunehmen, der für Sie wertvoll ist?

Werden Sie Entdeckerin, indem Sie in langweiligen Routinesituationen neue Aspekte finden. Denken Sie nicht: »Das bringt doch alles nichts«, sondern: »Mal sehen, was geschieht, wenn ich etwas anderes probiere.« Es gibt viele verschiedene Möglichkeiten, einer Aufgabe zu begegnen. Wählen Sie nicht die erste, sondern die beste für sich aus.

Essen Sie gesund

Zu viele Kohlehydrate, zu viel Fleisch, zu viel Zucker, zu wenig Gemüse, zu wenig Flüssigkeit, Lebensmittel von zweifelhafter Herkunft, zu viel Alkohol, Fertiggerichte, zuckrige Müsliriegel ... Die Supermärkte sind voll mit »Lebensmitteln«, die kein Leben mehr in sich tragen und unsere Gesundheit eher schwächen als stärken. Work-Life-Balance braucht auch eine ausgewogene, balancierte Ernährung. Ich muss es Ihnen nicht sagen, Sie wissen, wie das geht. Aber erinnern wollte ich Sie daran.

Wasser

Unser Körper braucht viel Wasser. Nicht nur für das Ausscheiden von Giften, sondern auch für unser Gewebe und das Gehirn. Nicht umsonst sagte früher der Volksmund, wenn jemand seltsame Ideen hatte: »Gib mal deinem Vögelchen ein bisschen Wasser«, und zur Veranschaulichung tippte man sich dazu noch an die Stirn. Wenn unser Vögelchen kein Wasser bekommt, dann wird es müde, übellaunig, vergesslich – kurzum unausstehlich. Trinken Sie also genug Wasser. Zwei bis drei Liter werden da empfohlen. Natürlich dürfen Sie auch Säfte trinken, aber die sind eigentlich »Nahrung«, das heißt nicht nur reine Flüssigkeit. Und Kräutertees transportieren Informationen, nämlich die der Kräuter. Pfefferminze macht z.B. munter und ist damit als Tee nicht geeignet, wenn Sie zur Ruhe kommen wollen. Wasser, heiß oder warm getrunken, scheint mir am besten. Im Übrigen beruhigt Wasser auch von außen. Lassen Sie sich das kühle (oder warme) Wasser über den Handpuls laufen. Das geht schnell, eben mal zwischendurch, und eine entspannende Wirkung stellt sich sofort ein.

Beginnen Sie den Tag in Ruhe

Oder, auch das machen viele: Beginnen Sie in der Früh, indem Sie etwas Unangenehmes schon mal erledigen, weil der Tag ab jetzt nur besser werden kann. Ich selbst bin kein Fan davon, aber probieren Sie es aus. Die anderen, die wie ich gestrickt sind, reservieren sich morgens Zeit und tun etwas Schönes für sich. Eine Kollegin liest jeden Morgen ein Gedicht, eine andere wählt sich besondere Musik aus und eine Erzieherin, die ich traf, geht jeden Morgen – nicht joggen – aber gemütlich spazieren. In dieser Zeit beobachtet sie die Natur in den verschiedenen Jahreszeiten und hängt ihren Gedanken nach. Wie wohltuend!

Unterbrechen Sie Routineabläufe

Was immer es auch ist, reagieren Sie ungewohnt, unüblich und den gewohnten Ablauf unterbrechend. Sie werden dadurch belebende Veränderungen spüren.

- Fahren oder laufen Sie einen anderen Weg zur Arbeit.
- Trinken Sie Säfte, die Sie nicht kennen.
- Lesen Sie die Zeitung von hinten nach vorne.
- Beginnen Sie den Morgen mit einem Gebet, das Sie sonst nicht sprechen,
- oder mit einem Tanz.
- Loben Sie als Erstes am Morgen sich oder einen anderen Menschen.
- Stehen Sie in Stressmomenten auf und wechseln Sie den Platz.
- Bei punktueller Erschöpfung verlassen Sie den Raum, treten Sie vor die Tür und atmen Sie bewusst die frische Luft ein.

Sorgen Sie für schöne Pausen

Egal, ob in der Arbeitszeit oder am Abend: Bringen Sie Qualität in Ihre Begegnungen und in Ihre Zeit. Treffen Sie sich mit nahen Menschen und führen Sie gute Gespräche. Ein gutes Gespräch kann Sie nähren, ein Gedankenaustausch Neues bringen und das Erinnern an wohltuende Momente glücklich machen. Je mehr Sie Zeit, Gedanken und Begegnungen aufwerten, je mehr Sie selbst hineingeben, desto wertvoller werden diese Pausen für Sie werden.

Alles in allem hat Work-Life-Balance viel mit einem Sinneswandel zu tun. Sie beginnen Ihre Welt zu betrachten und neu zu ordnen. Das, was uns belastet, kann sich ändern, wenn wir ihm eine Chance geben. Als ich einmal aufgrund der vielen Menschen um mich herum jammerte, meinte eine Kollegin zu mir: »Oh wie schön, du bist nicht allein, sondern badest in Energie!« Ich weiß noch, dass ich damals ziemlich perplex reagierte. Aber so gesehen, hatte sie Recht, und meine eben noch belastende Empfindung erhielt einen neuen, sehr ansprechenden Flair. Dieses Umdenken oder Umdeuten nennt man in der Psychologie »Reframing«. Sie geben einer alten Ansicht einen neuen Rahmen.

Meine liebste Reframing-Geschichte ist die einer Frau, die sich immer schämte, weil sie sich so oft mit dem Auto verfuhr. Die Worte ihres Therapeuten zauberten ein Lächeln auf ihr Gesicht: »Umwege erhöhen die Ortskenntnis.«

Du liebe Zeit!
Gutes Zeitmanagement

»Zeitmanagement«, davon haben Sie sicher auch schon einmal etwas gehört. Manager haben Time-Planer und Management-Tools, es werden Projekte nach Wichtigkeit analysiert, Gespräche strukturiert, Besprechungen moderiert, Themen zentriert und Effizienz und Effektivität stehen streng im Mittelpunkt. Und all die Bemühungen zielen nur auf einen Wunsch: endlich mehr Zeit!

Unter Zeitmanagement versteht man das systematische und vor allen Dingen disziplinierte Planen der eigenen Zeit. Es geht also um Planung und nicht darum, die Zeit des Tages zu jonglieren. Das ist es aber, was die meisten Menschen tun. Situationen kommen geplant oder ungeplant auf sie zu, sie reagieren, versuchen den Anforderungen gerecht zu werden und ein Ball fällt dabei meistens runter. Auf diesem Ball könnten Sie lesen: »die eigenen Bedürfnisse«. Management hingegen bedeutet: vorausschauend planen, um mehr Zeit für wichtige Projekte sowie für das eigene Leben zu haben.

Allerdings ... genau betrachtet, lässt sich die Zeit dann doch nicht managen. Sie tickt einfach vor sich hin und trotzt jeglicher Erziehung. Zeitmanagement ist eher Selbstmanagement. Sie sind Ihre eigene Uhr. Sie bestimmen, mit was Ihre Zeit gefüllt wird und wie Sie Ihre Zeit erleben. Ganz sicher im privaten Bereich, aber auch im beruflichen haben Sie einen hohen Gestaltungsanteil, selbst wenn sich das manchmal nicht so anfühlt.

Zudem gibt es auch ein individuelles Zeiterleben. Die Stunden können Ihnen bloß so zwischen den Fingern zerrinnen oder aber Sie erleben die meisten Momente des Tages als qualitativ und hochwertig. Möglicherweise schon allein aus einem wichtigen Grund: weil es Ihre Zeit ist. Ihre Lebenszeit!

Zeitbewusstsein entwickeln

Es gibt sehr viele Zeitspartechniken, Checklisten und Empfehlungen, wie man sich selbst besser organisiert und damit Zeit spart. Die meisten werden Sie als Erzieherin nicht wirklich einsetzen können, denn Sie haben Öffnungszeiten und Kinder lassen sich nicht in »Ranglisten« ordnen oder in andere Planungstechniken pressen. Oder haben Sie schon einmal zu einem Kind gesagt: »Vor unserer gemeinsamen Zeit hätte ich gerne eine Liste der möglichen Spiele von dir, damit wir beide diskutieren und besser entscheiden können!«

Kinder fallen hin, Kinder zanken sich, Kinder bekommen Bauchweh, Kolleginnen einen Koller, Leitungen einen Anruf, Eltern sind gestresst, Großmütter wollen erklären und das alles ungeplant, manchmal sogar gleichzeitig und ohne jegliche Agenda. Nichts davon können Sie »planungstechnisch« verschieben und keiner wird Verständnis haben, wenn Sie sagen: »Im Sinne der Effizienz machen wir jetzt erst einmal eine Prioritätenliste.«

Ein Zeitbewusstsein zu entwickeln hat meist als glückliche Folge, dass wir sofort damit beginnen, besser mit unserer Zeit umzugehen. Auf lange Sicht werden Sie so lernen, *dringliche* von *wichtigen* Aufgaben zu unterscheiden. Die dringlichen kommen zuerst. Doch die wichtigen dürfen ja nicht unter den Tisch fallen. Verständlicherweise leiden daher viele Erzieherinnen unter Zeitnot. Nicht nur in beruflicher Hinsicht, sondern auch, was das Privatleben angeht. »Da passt schon eine Menge rein, in ein Leben«, hörte ich einmal die bekannte Psychotherapeutin Verena Kast sagen. Ja, das stimmt, aber manchmal, wenn man genauer hinsieht, ist es auch ein wenig *zu* viel.

Frage
Was fällt täglich bei Ihnen an?

_____

_____

_____

_____

_____

Meine Aufgaben in einer Woche

_____

_____

_____

_____

Haben Sie dabei auch an Gespräche und »Schmusestunden« gedacht? Waren auf Ihrer Liste auch Dinge wie bummeln oder zum Friseur gehen? Nicht? Dann sollten Sie diese Zeit noch dringend mit aufnehmen.

_____

_____

53

Ich finde es immer wieder nützlich, sich die verschiedenen Aufgaben vor Augen zu führen und sie dann der Tatsache gegenüberzustellen, dass ein Tag nur 24 Stunden hat – von dem Sie hoffentlich bis zu 8 Stunden kuschelig und erholsam schlafen. 8 Stunden rechne ich für Ihre Berufstätigkeit, 1,5 Stunden für Anfahrt und Abfahrt, 2 Stunden Familienleben, ach ja, anziehen und waschen müssen Sie sich ja auch noch, knapp gerechnet 1,5 Stunden, einkaufen, Sport, Haushalt 1 Stunde am Tag ... nun, Sie können selbst ausrechnen, dass Ihnen jetzt noch genau 2 Stunden übrig bleiben. Zwei Stunden, in die wir oft versuchen, 25 Stunden zu packen.

Es ist nicht viel Spiel im Ablauf, das kann man drehen und wenden, wie man will.

Das Zeitprotokoll

Manche Menschen erhalten Klarheit über ihre Zeitstruktur, indem sie eine Woche lang konsequent Buch darüber führen. Nicht alle fünf Minuten werden aufgelistet, aber doch die großen Blöcke: einzelne Tätigkeiten, Fahrtzeiten, Arbeitszeiten, kleine Pausen und Freizeit. Nach einer Woche haben Sie einen Überblick. Es finden sich Hinweise auf Zeiten, die gut geplant sind, und Zeiten, die nicht wirklich genutzt werden. Nicht mal, um an die Decke zu stieren, was eine prima Erholung wäre.

Sich so vor Augen zu führen, womit wir unsere Zeit verbringen, verschafft Klarheit. Es werden Zeitfresser erkennbar und Tätigkeiten, die keine Priorität haben, zugleich aber sehr viel Zeit beanspruchen. Eine Erzieherin kam so darauf, dass sie jeden Tag etwa eine halbe Stunde mit ihrem Bruder telefonierte. Von Beruf Vertreter, war dieser viel im Auto unterwegs und rief sie auf Geschäftskosten ständig von der Autobahn aus an. Er fuhr und sie saß auf der Couch. Da er im Auto saß, die Konzentration also nicht ganz bei ihr war, verliefen die meisten Gespräche belanglos bis seicht. In der Woche verlor sie dadurch mindestens drei Stunden. »Das ist zu viel«, entschied sie sich und bat ihren Bruder, sie nur noch von daheim aus anzurufen. Die Häufigkeit der Gespräche nahm schlagartig ab und die Erzieherin bekam ihre Zeit zurück.

> Freie Zeit kennen Sie. Verfügbare streckenweise auch. Aber wie ist es mit der unverplanten? Neben den Anforderungen, welche die Arbeitswelt an uns stellt, geraten viele Menschen besonders dann unter Druck, wenn sie endlich frei haben. Die Zeit ist so kurz und alles soll darin stattfinden.

Sie stehen jetzt an erster Stelle

Beschleicht Sie nun ein ungutes Gefühl bei diesem Gedanken? Das kann ich gut verstehen. Jemand, der darauf geeicht ist, andere zu unterstützen, denkt tatsächlich viel zu selten an sich selbst. Aber es geht hier um *Ihr Leben*. Haben Sie sich das schon einmal mit allen Konsequenzen bewusst gemacht? Sie werden mit sich selbst leben, bis ans Ende Ihrer Tage … und deswegen ist es wichtig, dass es Ihnen gut mit sich geht. Das ist aber nur dann möglich, wenn Sie sich selbst und Ihre Bedürfnisse wahr- und wichtig nehmen. Ideal wären ganze Tage nur für sich, aber ich weiß schon, dass das für viele Frauen nicht möglich ist oder sie es sich nicht gönnen können. Übrigens: Man kann sich auch an Abhängigkeiten und Hamsterräder gewöhnen.

Wenn Sie nun aber einen neuen Weg einschlagen wollen, auch in punkto Zeitmanagement, dann wäre doch eine der ersten Fragen, wann Sie mit sich beginnen wollen. Wie viel Zeit darf es denn sein? Wie viel Zeit wäre für Sie möglich?

Ich habe, wie viele andere Menschen auch, damit begonnen, feste freie Zeiten in meinem Kalender einzuplanen. Es kommt ein Strich an diesen Tag quer über alle freie Stunden, und ich lasse mich überraschen, ob ich dann in die Sauna möchte oder spazieren gehe

55

oder mich mit jemandem treffen oder ob ich mich beim Friseur oder von der Kosmetikerin verwöhnen lassen möchte.

Jeder Tag ist Ihr Tag und Sie können täglich etwas für sich tun, indem Sie kleine Zeitinseln bewusst gestalten. Die Fahrt im Auto, in der U-Bahn, im Zug? Ließe die sich schöner gestalten? Haben Sie morgens ein Stündchen für sich? Gibt es über den Tag Wege und Pausen, die Sie für sich privat und zur Erholung nutzen können? Überlassen Sie diese – und manchmal sind es nur Minuten – nicht einfach dem Zufall. Wie wäre es, Begegnungen zu planen, tanzen zu lernen oder in der freien Zeit Spaziergänge zu organisieren und zwar auf Wegen, die Sie bislang nicht gegangen sind.

Wenn Sie sich mit der Zeit beschäftigen, dann werden vielleicht Wünsche in Ihnen wach. Ideen, die Sie schon lange verwirklichen wollten. Wenn Sie diese Wünsche nicht verschieben, sondern mit der Realisation beginnen, werden sie zu guten Unterstützern für Ihr neues Zeitverständnis. Für einen Tanzkurs findet man nie die Zeit, es sei denn, man meldet sich endlich an.

Frage
Welchen Wunsch möchten Sie sich erfüllen? Wofür wollen Sie sich Zeit nehmen?

_____

_____

_____

_____

Du liebe Zeit! Gutes Zeitmanagement

Der Weg zu: mehr Zeit

Es gibt einen Spruch, den ich sehr liebe: »Wer ein Omelette essen will, muss ein Ei aufschlagen.« Ich übersetze diesen Spruch für mich so, dass ich bestimmte Haken und Ösen in Kauf nehmen muss, wenn ich etwas für mich verbessern will. Nicht alles ist durchsetzbar in rosaroter Harmonie. Möglich wäre beispielsweise, dass andere Menschen es nicht so gut finden, dass Sie auf einmal mehr auf sich achten. Allein aus dem Grund, weil Sie dann nicht mehr so verfügbar sind. Aber Haken und Ösen können auch sein, dass Veränderungen einen genauen Blick voraussetzen. Es ist nicht immer angenehm, die Realität zu betrachten. Wenn Sie Ihre Zeitstruktur verbessern wollen, müssen Sie vermutlich gleich mehrere Eier aufschlagen, denn oft hängt es nicht nur an einer Sache, wenn uns zu wenig Zeit bleibt, um die Dinge zu tun, die uns wichtig sind. Wie sagte schon der Bauer:

»Ich habe keine Zeit, einen Zaun zu bauen,
weil ich meine Hühner einfangen muss.«

Ich möchte Ihnen gerne ein paar Ideen mitgeben, die mir geholfen haben, meine Zeit besser zu planen und zu strukturieren. Manche dieser »Tools« waren für mich leicht umzusetzen und manche waren Eier, die zu zerschlagen mir nicht so leicht gefallen ist. Das ein oder andere Ei war dabei sogar faul. Es hat erst ein bisschen gestunken, und dann war es richtig gut!

Sagen Sie NEIN!

Wenn Sie sich mehr Zeit wünschen, dann müssen Sie Neinsagen lernen. Beruflich und privat. Die Welt ist voll mit Anfragen und Bitten. Kaum hat man einen Gefallen erfüllt, steht bereits der nächste im Raum. Wenn in Ihrem Leben eine Prioritätenliste nötig ist, dann sicherlich im privaten und halbprivaten Bereich. Viele Erzieherinnen im Kindergarten pflegen über den Beruf ein freundschaftliches Verhältnis. Das hat zur Folge, dass gegenseitige Unterstützung oft vorausgesetzt wird. »Du hilfst mir doch, oder?« Schließlich weiß ja jede, wie es der anderen geht. Wenn aber jede jede unterstützt und nicht auf sich achtet, bleibt am Schluss zu wenig für alle übrig. Das Geben und Nehmen wird irgendwann zur Pflicht. Aber dafür haben Sie alle viel zu viel zu tun.

Auch wenn es unbequem klingt, Sie müssen sich abgrenzen lernen, auch gegenüber Ihren Kolleginnen. Das kann manchmal anstrengend sein, besonders wenn die andere nachfragt, nachhakt und nicht locker lässt. Wenn sie mit unterschwelligem Druck arbeitet: »... aber vielleicht wäre es doch möglich, wenn ich dafür ...!« Nein, nichts dafür. Kein Wenn und Aber, keine Hin- und keine Herschieberei. Sie möchten nicht. (Mehr zum Thema Neinsagen finden Sie ab Seite 100.)

Oft hilft es, jetzt die Zwickmühlen-Gefühle auszusprechen: »Ich kann sehr gut verstehen, dass es eine Entlastung für dich wäre, wenn ich diese Arbeit für dich übernehme. Die Sache ist nur die, dass ich gerade begonnen habe, etwas mehr auf mich zu achten, damit ich nicht mehr so unter Druck gerate. Ich stecke in einer Zwickmühle. Einerseits will ich dir helfen, andererseits mehr zu meinen Bedürfnissen stehen. Kannst du das nachvollziehen?«

Bestimmt wird Sie Ihre Kollegin verstehen und nach einer anderen Lösung suchen. Zwickmühlen-Gefühle kennen wir nämlich alle nur zu gut.

Nicht aufschieben – machen!

Es löst sich nichts von allein. Nicht mal die Elternbriefe schreiben sich selbst und keine Formulare füllen sich alleine aus. Da stehen so viele Märchenbücher in den Regalen Ihrer Einrichtung herum und kein Zwerg daraus erbarmt sich und arbeitet für Sie in der Nacht.

Das ist doch eigentlich unverschämt. Also, krempeln Sie die Ärmel hoch und gehen Sie die unangenehmen und lästigen Dinge tapfer an. Sie müssen nicht alles auf einmal erledigen, sollten aber auch nichts vergessen, daher am besten nach Plan. Jeden Tag eine unangenehme Tat, dann kommen Sie Ihrem Ziel näher.

Planen Sie Ihre freie Zeit realistisch

Urlaubstage, freie Tage, Ostern, Weihnachten, zwischen den Jahren: Diesen Zeiten wohnt der Mythos der freien, unverplanten Zeit inne. In der Regel sind sie jedoch weder frei noch unverplant. Je mehr Sie in diese Tage packen, desto größer ist der Zeitkater.

Melanie freut sich auf die Weihnachtsferien. Endlich freie Zeit! Der Kindergarten hat geschlossen und sie will sich um das kümmern, was alles so lange gewartet und angestanden hat. »Lass uns zwischen den Jahren mal ausgiebig telefonieren«, mailt sie ihrer Freundin. »Komm uns doch zwischen den Jahren besuchen«, lädt sie ihren Bruder ein. »Lass uns zwischen den Jahren das nächste Jahr planen«, schlägt sie ihrer Kollegin vor. »Wann wollen wir nach Möbeln schauen?«, fragt ihr Mann. »Zwischen den Jahren,« sprudelt es aus Melanie freudig heraus. Bald hat sie Zeit für alles. Auch für den Stapel Bücher, der zwischen den Jahren gelesen werden wird. Und das Strickzeug und die Steuer und das Aufräumen des Kleiderschrankes und für die Vorbereitungen für die Silvesterparty.

Dann kommt Weihnachten, dann der Besuch bei Melanies Eltern, dann der Besuch bei den Schwiegereltern. Einen Tag liegt Melanie flach, einen Tag ruht sie sich aus, einen Tag räumt sie auf, einen Tag schauen sie nach Möbeln und schon ist Silvester. »Ich wollte so viel machen«, jammert sie kurz vor der Silvesterparty. »Und nichts habe ich geschafft.« Kein Wunder, zwischen Weihnachten und Silvester liegen nur vier Tage.

Ich bin auch hin und wieder eine Melanie. »Zwischen den Jahren«, das klingt nach richtig langer Zeit. In Wirklichkeit rennen einem diese Tage nur so davon und sind alles andere als gemütlich und entspannt.

Nichts geschafft!?

Wie oft sagen wir Sätze wie: »Wo ist nur das Jahr geblieben?«, »Schon wieder ein Jahr um«, »Die Zeit rast«, »Die Zeit rast immer schneller«. Je mehr Sie in Gedanken wie diesen verhaftet bleiben, desto frustrierender ist »das« mit der Zeit. Überlegen Sie eher, was Sie tatsächlich alles geschafft und gemacht haben. Die Zeit »rennt« nicht. Mir hilft dann immer eine Liste, auf der ich genau notiere, was in der Zeitspanne alles passiert ist. Das können Projekte sein, Freundschaftspflege, Reisen, Weiterbildungen ... Das Bewusstsein dafür, dass eine Menge war und ich eine Menge erlebt habe, schenkt mir Ruhe und Gelassenheit, wenn ich die vergangene Zeit betrachte.

Bitte kein schlechtes Gewissen

Dem nachzutrauern, was wir nicht geschafft haben, raubt uns die Zeit, um darüber nachzudenken, wie wir in Zukunft besser mit Zeit umgehen können. Das schlechte Gewissen ist wie ein Alibi-Gefühl. »Ich habe ja schon ein schlechtes Gewissen, reicht das denn nicht?« Leider nicht, denn miese Gedanken allein verändern nichts, sondern Sie bleiben nur in einer holprigen Spur, in der weder Zukunftsplanung noch Erholung gelingt. Nutzen Sie lieber die Erfahrung aus der Vergangenheit, um die Zukunft besser zu gestalten. Auch wenn ich aus eigener Erfahrung weiß: Das schlechte Gewissen ist eine wunderbare Komfortzone.

Überprüfen Sie die Kommunikation

Wie ist der Informationsfluss in Ihrer Einrichtung? Wie finden Absprachen statt? Gibt es eine Möglichkeit, Aufgaben noch deutlicher zuzuteilen und gegeneinander abzugrenzen? Viel Zeit geht verloren, wenn Teams sich nicht wirklich absprechen und Zeitfenster nicht begrenzt werden. In der Planung sollte vermerkt werden, wie viel Zeit Sie für eine Vorbereitung investieren sollen. Auf diese Weise können Sie dann ganz in Ruhe arbeiten und alle Kolleginnen wissen Bescheid.

Nicht jede Störung ist wichtig

Sie dürfen störende Gespräche begrenzen. Nicht jeder, der etwas von Ihnen will, muss gleich bedient werden. Und nicht jedes private Gespräch, das Ihre Kollegin führt, müssen Sie aushalten. »Bitte geh doch zum Telefonieren nach draußen!« – dieser Wunsch ist legitim. Auch gegenüber den Kindern dürfen Sie sagen: »Jetzt nicht!«, oder zu den Eltern: »Können wir dieses Gespräch zu einem besseren Zeitpunkt weiterführen? Ich werfe mal eben einen Blick in meinen Kalender.« Lernen Sie wichtige Störungen von unnötigen zu unterscheiden und grenzen Sie sich ab.

Geben Sie Ihrem Tag einen Sinn

Einem Tag oder einer Sache einen Sinn zu geben führt dazu, dass diese nicht mehr sinn-los sind. Wir brauchen einen Sinn, damit wir selbst routineartige Abläufe sinn-voll erleben können. Erst dann kommen wir am Abend nach Hause, sind vielleicht genauso müde, wie an einem sinnentleerten Tag und können dennoch zufrieden nicken. Es ist etwas geschehen, das diesem Tag eine Bedeutung gegeben hat. Er war nicht umsonst, wir haben etwas geschafft, erledigt oder gelernt. Manche Menschen warten darauf, dass sich dieser Sinn irgendwie über den Tag ergibt. Sie hoffen darauf, dass etwas passiert, eine unvorhergesehene Wendung eintrifft oder ihnen ein

Mensch begegnet, der diesen Tag zu einem schönen macht. Wenn Sie so denken, dann sind Sie wie eine Katze in Lauerstellung. Kommt etwas, oder kommt etwas nicht? Katzen holen sich aber in der Regel, was sie benötigen, um glücklich zu sein: die Streicheleinheiten, das Spiel, die Maus. Meine Frage also – erneut – an Sie: Was muss heute passieren, damit dieser Tag für Sie einen Sinn erhält? Ist es ein Gespräch? Ist es eine bestimmte Lektüre? Ist es ein Moment der Kontemplation? Manchmal ist es schon wohltuend, abends vor dem Einschlafen dankbar auf den Tag zurückzuschauen und sich an einzelnen Momenten zu erfreuen.

Und wenn er sinn-los war?

Dann hatte dieser Tag eben nicht den Sinn, den Sie ihm gerne gegeben hätten. Morgen darf es anders sein. Schicken Sie Ihre hohen Erwartungen immer mal wieder in die Kur! Wir brauchen auch Minuten und Stunden, in denen nichts passiert. Unser Gehirn erholt sich dann, ordnet Eindrücke und macht damit Platz für neue Ideen. Wenn Sie Ihr Auto frisch betanken, dann stehen die Räder schließlich auch still. Genauso ist es auch mit dem Leben. Manchmal bewegen wir uns nicht, damit anschließend wieder Bewegung und Sinn entstehen können.

Glaubenssätze:
Was wir von uns glauben, werden wir sein

Als ich im letzten Jahr einen Vortrag über Glaubenssätze hielt, meldete sich aus Versehen eine japanische Mutter an, deren Sohn in Kürze die Erste Kommunion empfangen sollte. Sie erhoffte sich durch meinen Vortrag ein paar Informationen mehr über Glauben und die Kirche. Das war aber nicht mein Thema. Als sich das Missverständnis aufklärte, blieb die Mutter dennoch, denn sie fand es spannend, dass es neben dem religiösen Glauben auch noch einen Glauben gibt, der sich um uns dreht und tief in unserer Seele ruht.

Dieser Glauben hat keine Bibel, aber er besteht aus Sätzen, sogenannten Glaubenssätzen, die alles in allem so etwas wie ein Konzept, eine Richtschnur für unser Denken, Handeln und somit unser Leben ergeben. Diese Sätze sind nicht statisch, eher gleichen sie einer Lichterkette, die immer wieder in neuen Farben glimmt. Die Birnchen sind zwar auswechselbar, aber manche scheinen in die Fassungen sehr fest eingeschraubt zu sein.

Obwohl aus manchen dieser Lämpchen dunkles Licht auf unser Leben fällt, meinen wir, sie nicht verändern oder gar auswechseln zu können. Wir können aber! Dies schon einmal vorab.

Zu entdecken, welche Überzeugungen von uns selbst tief in uns verankert sind, und diese Glaubenssätze zu bemerken, zu hinterfragen und auf den Prüfstand zu stellen, hat etwas Spektakuläres. Es kann das Leben mit einem Mal verändern, wenn wir erkennen, mit welchen Botschaften wir unser Leben selbst gestalten.

Glauben Sie:

- Ich bin kraftvoll.
- Ich kann meine Zukunft gestalten.
- Meine Arbeit ist abwechslungsreich.
- Die Kolleginnen sind eine Bereicherung.
- Es ist schön, immer wieder neue Kinder zu begleiten.
- Ich kann mitwirken, dass mein Berufsstand bessere Bedingungen erhält.
- Es gibt viele Möglichkeiten für mich.

Oder denken Sie:

- Dieser Job macht mich noch fertig.
- Wir werden fremdbestimmt.
- Jeden Tag der gleiche Mist.
- Meine Kollegin nervt und das ständig.
- Diese Kinder werden immer gestörter.
- Als Erzieherin wirst du ausgenommen.
- Machen kann man da nichts.

In der Arbeit mit Glaubenssätzen geht es nicht darum, Situationen schönzureden oder umzudrehen. Erstes Ziel ist: zu erkennen.

- Unterstütze ich mich selbst?
- Oder halte ich mich ab?

Glaubenssätze: Was wir von uns glauben, werden wir sein

Das Thema Glaubenssätze gehört in jedes gute Coaching und wird Ihnen oft in der Beratung und Supervision begegnen. Ich selbst kam mit diesem Thema erstmals in einer NLP-Ausbildung in Berührung, es ist aber auch in vielen anderen Methoden der Beratung zu finden. Einen Menschen darauf aufmerksam zu machen, mit welchen Botschaften er sich selbst füttert, und diese vielleicht durch unterstützendere Sätze abzulösen, hilft, Leben zu verändern. Das werden Sie auch bald merken. Das Thema der Glaubenssätze können Sie sowohl für sich als auch für Ihr Team, die pädagogische Arbeit und Ihr privates Umfeld nutzen. Veränderung geschieht nie nur auf der einen oder der anderen Seite. Wenn wir uns selbst näher kommen und klarer werden, dann ist das ein ganzheitlicher Prozess, der auch unsere Verbindung mit anderen Menschen fördert und erneuert.

Die eigenen Glaubenssätze zu hinterfragen und die blockierenden darunter sensibel zu bemerken und geduldig zu verändern, erfrischt unser Leben und unsere Kommunikation.

Glaubenssätze sind Sätze, die wir glauben

Dieser einfache Satz ist die Antwort auf die Frage: »Was sind das, Glaubenssätze?« Sie werden gespeist aus Erfahrungen, die wir gemacht haben, und Rückmeldungen, die wir von Menschen erhielten, die uns wichtig waren. In der Gesellschaft finden sich tausende von Glaubenssätzen. Im Brustton der Überzeugung wird behauptet, dass etwas »so« oder »so« gemacht wird, was anständig ist und was zu sein hat.

Wo »wachsen« Glaubenssätze?

Viele wichtige Glaubenssätze entstehen in der Kindheit, in der Zeit, in der wir noch keine Vergleichsmöglichkeiten haben und uns dadurch keine eigene Meinung bilden können.

Frage
Wie wurden Sie als Kind in Ihrer Familie beschrieben?

_____

_____

_____

_____

_____

Für ein Kind sind die Eltern die wichtigsten Personen auf der Welt. Was Papa und Mama sagen, das stimmt. Mit Ihnen, der Erzieherin im Kindergarten, kommt eine weitere zu diesen ersten erwachsenen Stimmen hinzu. Was die geliebten Erwachsenen sagen, hat für Kinder sehr viel Gewicht.

- »Du bist immer so laut!«
- »Du singst aber schön!«
- »Warum strengst du dich beim Turnen nie an?«
- »Du bist immer so unkonzentriert, mal das doch mal ordentlich aus.«
- »So ein stilles Kind!«

Kinder speichern diese Sätze ab und glauben, dass die Aussage stimmt. Auch Sie waren einmal ein Kind und hörten sicher zuhauf Sätze, Bewertungen und Kommentare über sich, die Sie damals glaubten – und häufig ist das auch im Erwachsenenalter noch der Fall.

Glaubenssätze: Was wir von uns glauben, werden wir sein

Je wichtiger uns der Mensch ist, der diese Aussage über uns macht, oder je intensiver und somit prägender der Moment war, in dem diese Aussage über uns fiel, desto eher glauben wir sie. Neben den Eltern gab es noch eine Menge anderer Erwachsene, die unser Wesen, unsere Art, unser Auftreten kommentierten:

- die Erzieherin
- eine Nachbarin, die wir mögen
- der erste Lehrer
- die Lieblingslehrerin
- die erste beste Freundin
- Jungs, in die wir verliebt waren
- unser Partner

Glaubenssätze sind Ausrufezeichensätze, auch wenn ein Fragezeichen dahinter steht. »Warum strengst du dich nie an?« ist keine Frage, sondern eine Botschaft.

Frage
Wie hätten Sie als Kind diesen Satz für sich übersetzt? Welche Wirkung hätte dieser Satz gehabt, wenn er von einem Menschen ausgesprochen worden wäre, den Sie bewundert oder geliebt hätten?

_____

_____

_____

_____

Wo »wachsen« Glaubenssätze?

Glaubenssätze haben einen bestimmten Klang. Sie sind eindeutig, meist kurz in der Formulierung und haben die Anmutung von Wahrheit. Unterstrichen werden diese Sätze oft mit einem Nicken oder einer Körperhaltung, die keine Fragen zulässt. »So ist es... keine Diskussion! Und nun kannst du wieder gehen.«

Wenn Sie mit Kindern im Vorschulalter arbeiten, sind Sie also mit prägend und könnten durchaus in vierzig Jahren auf irgendeiner therapeutischen Couch auftauchen, wenn ein Psychologe einen Klienten fragt: »Seit wann haben Sie das Gefühl, zu laut und unbändig zu sein?«

»Ach, das hat schon meine Erzieherin im Kindergarten gesagt. Ich kann den Satz noch förmlich hören: ›Felix, sei doch nicht immer so laut. Das stört!‹«

Wäre doch schön, anders in Erinnerung zu bleiben, oder? Etwa mit Erinnerungen wie: »Ich weiß, dass ich mich durchsetzen kann. Schon meine Erzieherin im Kindergarten hat mir das mitgegeben. Ich bin dabei zwar manchmal ein wenig zu leidenschaftlich, aber sie meinte damals immer: ›Du kriegst das schon hin.‹ Und so war es dann ja auch.«

Unterstützende und hemmende Glaubenssätze

Glaubenssätze können unterstützend oder weniger unterstützend sein. Das Wort Glaubenssatz ist wie ein Umschlag, es kommt drauf an, was Sie hineintun. Das Wort selbst ist neutral.

Nicht nur bei anderen Menschen, auch in Ihnen wirken alte Behauptungen nach. Zudem bilden sich täglich neue Glaubenssätze. Lottes Kollegin will, dass Lotte beim Elternabend einen kleinen Vortrag hält: »Ich kann das nicht, vor so vielen Menschen sprechen.« »Aber du kennst dich super in Sprachbildung aus und kannst das wirklich gut erklären.«

»Meinst du?«

»Aber klar. Deine Erklärungen bei der letzten Teamsitzung waren beeindruckend. Und das war auch ein Vortrag!«

Positive Glaubenssätze unterstützen. Sie formulieren Fähigkeiten, auf die man sich selbst verlassen kann, Talente, die zu wirken beginnen, sowie liebenswerte Verhaltensweisen, die anderen Menschen auch gut tun.

- Du kannst das.
- Du hast das schon mal geschafft und wirst es wieder schaffen.
- Ich habe ein Talent, Krisen zu bewältigen.
- Sie kann sehr gut mit Stress umgehen.
- Ich bin ein überlegter, aber flexibler Mensch.
- Du bist verlässlich.

»Sie sind so ausgeglichen!«, bekomme ich oft als Rückmeldung (und entgegne dann gerne lachend: »Fragen Sie dazu mal meinen Mann!«). Manchmal sehen Menschen Stärken in uns, die andere nicht sehen, und dann gibt es noch die Palette an Eigenschaften, von denen wir selbst glauben, dass wir sie haben, oder von denen wir glauben, dass sie uns fehlen.

Wie sprechen Sie mit sich selbst?

Sicher werden Sie oft ermutigt und gelobt. Aber meine Erfahrung zeigt, dass dennoch die negativen Glaubenssätze in unserer Welt leider viel präsenter sind als die aufbauenden. Am meisten finden sich diese Sätze in den Betreffenden selbst. Auch viele Erzieherinnen sprechen mit sich so schlecht und in einem Ton, den sie nie einem anderen Menschen gegenüber anschlagen würden. Negative Botschaften wollen uns glauben machen, dass wir etwas nicht können, nicht schaffen und vor allen Dingen: es erst gar nicht probieren brauchen.

69

Negative Glaubenssätze sind einengend und wie Sackgassen. Kein Weg führt aus solch einem Satz heraus oder weiter.

- Ich bin nicht der Typ dafür!
- Das geht nur so!
- Das brauchst du erst gar nicht probieren!
- Sei doch nicht so ein Dickkopf!
- Die ist doch immer so!
- Du kannst schön vorlesen, aber singen kannst du nicht!
- Du bist so laut!
- Warum bist du eigentlich immer so schüchtern?
- Sie sind aber immer schnell aus der Ruhe zu bringen!
- Das ist Ihr Ding!
- Das ist aber gar nicht Ihr Ding!
- Sie sind ungeduldig!
- Wieso hast du keine eigene Meinung?
- Ich werde mich nicht ändern und du mich auch nicht!

Schluss. Aus. Fertig!

Da negative Glaubenssätze so eine ungute Kraft haben, will ich Sie in diesem Kapitel gleichzeitig schon jetzt ermutigen, von nun an immer öfter in positiven Botschaften zu sprechen – sowohl im Stillen sich selbst gegenüber oder wenn Sie vor anderen von sich reden als auch, wenn Sie etwas über einen anderen Menschen sagen.

Beim Durchlesen der verschiedenen negativen Statements, die jeden Tag und allerorten fallen können, haben Sie sicher bereits gemerkt, dass Glaubenssätze etwas Unerbittliches haben. Vielleicht sind Ihnen jetzt auch schon erste Sätze eingefallen, die man zu Ihnen gesagt hat? Als Kind und später.

Die ungesunde Art, mit diesen Botschaften umzugehen, ist, sie anzunehmen.
Die gesunde Reaktion auf negative Sätze ist, diese Aussagen zu hinterfragen.

Glaubenssätze: Was wir von uns glauben, werden wir sein

Wenn Sie an sich glauben, sich selbst vertrauen, sich selbst eine gute Freundin sind, wissen, was Sie können, und erkennen, wo es noch Entwicklungsbedarf gibt, dann reagieren Sie auf negative Beurteilungen von außen erst einmal neutral. Im Inneren werden Sie abgleichen: »Stimmt!« oder »Stimmt nicht!«, und entsprechend reagieren.

Melanie hat ein echtes handwerkliches Talent. In ihrer Wohnung baut sie immer wieder an und um. Hämmern, Bohren, Schrauben, alles kein Problem. Als im Kindergarten ein neues Regal an die Wand geschraubt werden soll, ist Melanie sofort mit ihrem Werkzeugkasten da. »Sollen wir nicht lieber den Hausmeister holen?«, fragt eine Kollegin skeptisch. »Ich glaub, der kann das besser als du!« Melanie lacht und bohrt schon mal los.

Da Melanie von sich weiß, dass sie handwerken kann, fühlt sie sich nicht angesprochen und muss sich nicht verteidigen. Melanie hat an dieser Stelle keinen wunden Punkt. Wie würde sie sich wohl verhalten, wenn sie insgeheim von sich glauben würde, dass sie zwar hämmern kann, aber doch nie den Hausmeisterstatus erreichen wird, weil Frauen und Bohrmaschinen sich letztendlich eben doch immer fremd bleiben werden?

Das Fatale an solchen abwertenden Sätzen ist, dass sie meistens wie nebenbei fallen. Jemand spricht einen solchen Satz einfach mal eben vor sich hin, hat ihn auch gleich wieder vergessen, doch bei dem Angesprochenen bleibt häufig eine große und nachhaltige Wirkung zurück.

Besser jetzt nicht, entschied Sarah und nahm die Gruppenleitung nicht an, obwohl sie die Aufgabe sehr reizte. Hatte sie nicht erst jüngst eine Kollegin zur anderen sagen hören: »Die Jungen, die kommen hier in die Einrichtung und denken, sie können gleich Führungsaufgaben übernehmen. Die überschätzen sich total.« Sarah war erst seit einem Jahr in diesem Kindergarten und wollte sich ganz sicher nicht überschätzen. Außerdem hatten die anderen Kolleginnen wirklich mehr Erfahrung. Die waren doch viel eher an der Reihe. »Ich bin noch nicht so weit«, lehnte Sarah das Angebot ab und ließ so letztlich einer Kollegin den Vortritt, die noch kürzer in der Einrichtung war als sie.

Ein Kind kann noch nicht reagieren. Aber Sie, die erwachsene Frau, haben die Möglichkeit, negative Glaubenssätze von heute zu hinterfragen und die aus Ihrer Kindheit zu entmachten.

Bleiben Glaubenssätze in uns mächtig, behindern sie uns, ganz besonders in unseren Beziehungen und im Beruf. Man kann keine Karriere machen, wenn man nicht selbst an sich glaubt oder nicht frech genug ist, alte Sätze zu hinterfragen. Bloß weil jemand etwas mit Nachdruck behauptet, muss es noch lange nicht stimmen! Das gilt für Ihre Eltern, Ihren Partner, Kollegen oder Chefs. Lassen Sie sich nicht entmutigen! Nicht von anderen und schon gar nicht von sich selbst.

> **Sind positive Glaubenssätze so etwas wie positive Affirmationen?**
> Eher nicht. Glaubenssätze sind Sätze, von denen wir bereits tief überzeugt sind, das heißt, wir denken und fühlen sie bereits. Wenn Sie sich an den Spiegel schreiben: »Ich bin eine zauberhafte Frau«, innerlich aber glauben, dass Sie ein »Besen« sind, dann kommt der Satz nicht an. Da können Sie noch so viel roten Lippenstift für den Satz benutzen. Positive Glaubenssätze suchen das, was schon in Ihnen ist, und bauen darauf auf.

Wie reagiert man am besten auf negative Glaubenssätze?

Was dem Vampir der Knoblauch, ist dem negativen Glaubenssatz die Frage. Fragen, die Belege wollen.

»Du kannst das nicht!« Dieser Satz wird vermutlich viel häufiger in Ihrem eigenen Inneren fallen, als dass andere ihn tatsächlich an

Sie richten. Wie oft haben Sie schon gedacht: Das ist nichts für mich. Das kann ich nicht. Ich bin nicht gut genug. Fragen Sie zurück:

- Wie kommst du/komme ich darauf, dass ich das nicht kann?
- Wieso sage ich mir das jetzt?
- Was soll dieser Satz bezwecken?
- Stimmt das?
- Gibt es Beispiele dafür?
- Gibt es auch Beispiele, dass ich es trotz aller Schwierigkeiten geschafft habe?

Nein? Wirklich nicht? Haben Sie es nie, nie, nie geschafft, andere zu begeistern, für sich zu gewinnen, eine Aufgabe zu lösen, bei sich zu bleiben oder was immer es auch war? Doch? Ein Mal haben Sie es geschafft? Was war es denn genau? Na bitte, die Ausnahme ist gefunden!

Ausnahmen sind wunderbar!

Was der Glaubenssatz nämlich auch nicht mag, sind Ausnahmen – denn die bestätigen, dass der negative Glaubenssatz nicht stimmt. Denn wenn es einmal schon geklappt hat, dann stimmt der Satz mit »nie« auf keinen Fall. Wo eine Ausnahme zu finden ist, da muss es auch ein Muster oder einen Weg in die erfolgreiche Richtung geben. Folgen Sie dieser Spur.

Glaubenssätze sind ein Lebensthema. (Und auch dies ist schon ein Glaubenssatz! Wer sagt das? Wie komme ich darauf? Gibt es Beispiele von Menschen, für die Glaubenssätze kein Thema waren?) Jeden Tag können Sie viele Glaubenssätze hören. Die meisten fallen unbemerkt und sind harmlos. Aber für die Glaubenssätze, die Sie oder andere behindern, sollten Sie hellhörig werden. Fragen Sie nach und glauben Sie nichts – es sei denn, es ist gut!

Wie reagiert man am besten auf negative Glaubenssätze?

Lob: Das hast du wirklich gut gemacht!

Wann haben Sie diese Worte das letzte Mal zu sich selbst gesagt? Oder noch genauer: Wann haben Sie sich das letzte Mal selbst gelobt oder sich positive Rückmeldung gegeben?

Als Erzieherin kennen Sie die Kraft des Lobes und geben es den Ihnen anvertrauten Kindern sicher achtsam und häufig. Bestimmt übermitteln Sie auch Ihren Kolleginnen wertschätzende und aufbauende Rückmeldungen. Oder den Eltern, etwa wenn die es geschafft haben, ihrem Kind wertvolle Grenzen zu setzen oder neue Regeln in der Familie zu verankern.

»Wir machen den Fernseher jetzt erst abends an, der läuft nicht mehr nebenbei.«

»Das finde ich gut, dass Sie das jetzt probieren. Bestimmt werden Sie schon bald merken, wie sich Ihr Familienleben spürbar verändert. Da geht jetzt sicher einige Anspannung raus und Sie kommen miteinander in wirklichen Kontakt.«

Lob, Ermutigungen und Ermunterungen sind die beste Motivation, die es gibt, um etwas zu wagen. In der Regel wird diese Ermutigung nicht einfach mit »Gut!« oder »Weiter so!« ausgedrückt, sondern wie in dem Beispiel oben werden noch weitere Erklärungen und Gedanken dem Lob angehängt.

Lob braucht Worte – und zwar einige davon

Menschen müssen sich auf ein Lob erst einmal innerlich einstimmen. Es braucht sozusagen eine Art Anmoderation, dann kommt der Genuss. Am ehesten erreicht Ihr Lob einen anderen Menschen, wenn Sie die Anerkennung anhand von Beispielen ausdrücken. Ihre Beispiele ermöglichen kleinen und großen Menschen, aber auch Ihnen selbst, das Lob in Bilder umzusetzen. Was wir in inneren Bildern sehen, wird schneller verstanden und angenommen. Wertschätzung kann auf diese Weise besser abgespeichert und in der Zukunft schneller abgerufen werden.

Lob ist Motivation. Sie, als Erzieherin, haben das bereits in der Ausbildung gelernt. Nur mit dem Eigenlob ist es so eine Sache. In Deutschland haben wir keine Kultur des Selbstlobs, der Selbstmotivation. Viele Sprichwörter zeugen davon:

- Eigenlob stinkt.
- Freu dich nie zu früh, sicher bist du nie.
- Früh gefreut, bald gereut.
- Tu Gutes und sprich nicht drüber.

Es ist nicht verwunderlich, dass wir uns selbst nicht loben, wenn es in der Öffentlichkeit so behandelt wird. Selbst das heimliche Lob in Gedanken bekommt so gesehen ein »Geschmäckle«. Die Folge ist, dass die meisten Menschen sich weder laut noch leise loben, sondern die eigenen Erfolge einfach übergehen und vom Tisch wischen, als würde es sich um ein paar Krümel handeln, die von einem leckeren Brunch übrig geblieben sind.

Indem wir das Selbstlob aus unseren Gesprächen mit uns verbannen, trennen wir uns von einer großen Kraftquelle. Sie wissen doch am besten, wenn Sie etwas geschafft haben, was gar nicht so einfach war. Etwas, für das Sie Mut, Konzentration oder Energie brauchten. Von außen betrachtet ist das nur zu erahnen, aber nicht immer zu erkennen. Das Lob, das Sie sich selbst geben, kommt direkt an, denn es wird immer passen. Und Sie können den anderen davon erzählen. Oder fällt Ihnen das auch schwer?

Wenn wir darauf verzichten, andere darauf hinzuweisen, was wir gut gemacht haben und gut können, nehmen wir uns eine Möglichkeit, unseren Beruf und die Karriere zu gestalten. Nicht immer ist es für andere sichtbar, wenn Sie einen großen Schritt getan haben. Viele Erfolge bleiben unsichtbar, keiner spricht sie an. Deswegen ist es wichtig, dass Sie nicht warten, bis jemand über Ihren Erfolg stolpert, sondern selbstbewusst darüber sprechen. »Übrigens habe ich gestern …« Wenn Sie beruflich weiterkommen und sichtbar werden wollen, gehört Klappern zum Handwerk.

Extrinsische und intrinsische Motivation

Anerkennung in Form von Lob oder Wertschätzung verwandelt sich in Motivation. Das Lob spornt zu weiteren Schritten an. In der Motivationslehre ist Motivation jedoch nicht gleich Motivation. Man unterscheidet zwei Varianten.

Intrinsische Motivation

Wenn wir etwas aus uns selbst, ohne äußeren Ansporn tun, einfach weil es uns Spaß und Freude bereitet, wir einen persönlichen Gewinn daraus ziehen, Neugier stillen oder eine besondere Art von Zufriedenheit, dann spricht man in der Motivationslehre von intrinsischer Motivation. Wir motivieren uns dann selbst, weil wir das, was wir tun, gerne tun. Ob andere das gut finden und uns dafür loben, spielt gar keine oder nur eine untergeordnete Rolle.

Lob: Das hast du wirklich gut gemacht!

Dann gibt es noch die Motivation von außen, wie etwa Beförderungen, Lob, Liebe und vieles mehr. Auch wenn Ihr Gehalt erhöht wird, ist das eine Art von Motivation. Sie kennen diese Motivation aus Ihrer pädagogischen Arbeit. Kinder machen dann etwas für Sie, etwa indem sie etwas basteln oder ein Bild malen. »Schau mal, das habe ich dir gemalt!«, heißt es dazu und das Kind wünscht sich Lob.

Die intrinsische Motivation ist dauerhafter und wirksamer als die extrinsische, denn sie nährt sich gewissermaßen aus dem Menschen selbst.

- Sie malen, weil es Ihnen gut tut.
- Sie lernen eine Sprache, weil Sie Freude daran haben.
- Sie bilden sich weiter, weil es sich für Sie gut anfühlt.
- Sie bleiben am Ball, weil Sie stolz auf sich sind.
- Sie suchen nach neuen Herausforderungen, weil es ein gutes Gefühl für Sie ist, sich zu spüren.

Wir benötigen Rückmeldungen von außen, damit wir uns weiterentwickeln können. Positive Rückmeldungen wie Lob fungieren dann ähnlich einer Kompassnadel: »Ja, die Richtung ist gut. Mehr noch. Weiter auf diesem Weg.« Negative Rückmeldungen sind nichts anderes als »Oh je, das war falsch!«.

Darf man sich denn selbst loben?

In meinen Seminaren treffe ich auf Menschen, die im Schlaf aufzählen können, was sie alles *nicht* können, in welchen Bereichen sie unfähig sind und welche Aufgaben sie niemals schaffen werden. Wenn ich die Teilnehmer dann aufforderte, nun aufzuschreiben, was sie gut können, reagieren dieselben Menschen sehr zögerlich.

Andere zu loben fällt besonders Erzieherinnen leicht, denn es gehört quasi zu ihrem Berufsbild. Aber sich selbst zu loben ... Ist das nicht doch ein bisschen selbstüberschätzend und eitel? »Eigenlob stimmt!« hieß ein Bestseller von Sabine Asgodom und ihre Worte stimmen heute mehr denn je: Erfreuen Sie sich an Ihrem Können und loben Sie sich dafür! Wenn nicht Sie, wer sollte es sonst tun?

»Ich fühl mich dabei komisch«, meinte eine Erzieherin zu mir. »Aber ist es nicht auch komisch, niederschmetternd mit sich zu sprechen?«, fragte ich zurück.

Wenn Sie in der Lage sind, sich selbst zu loben und damit zu motivieren, machen Sie sich unabhängig von dem Lob, das von außen kommt. Sie werden damit freier und sind nicht auf andere Menschen angewiesen, wenn es um Ihre Entwicklung geht.

Zugleich möchte natürlich niemand sich nur selbst motivieren. Das ist langweilig und auf Dauer wird man zwar immer unabhängiger, aber es geht einem auch viel »Zuckerguss« verloren. Ein Lob von außen ist eine besondere Bestätigung, tut gut, ist charmant und für alle Teammitglieder sehr wertvoll. Denn selbst wenn eine Kollegin gelobt wird, profitieren wir doch davon, schließlich wissen auch wir dann, welche Richtung allgemein geschätzt und anerkannt wird.

Es ist die Mischung, die es macht. Sich nur selbst zu motivieren, ist fad. Immer auf der Lauer nach Anerkennung zu sein, ist anstrengend. Die eigenen Fähigkeiten zu übersehen und nicht zu loben ist Verschwendung einer kostbaren Ressource. Nur das Lob von anderen ernst zu nehmen und das eigene abzuwiegeln, heißt der Anerkennung anderer Menschen mehr Bedeutung beizumessen als dem eigenen Gefühl für Können und Fähigkeiten.

Lob baut auf und ist wirksam. Auch, wenn es im Kontext schwieriger Gespräche ausgedrückt wird. Sätze wie: »Danke, dass du dieses schwierige Thema ansprichst, das ist sehr wichtig und hilfreich!« werden von den anderen Teammitgliedern wie folgt übersetzt:

- Ich kann mich hier trauen, auch schwierige Themen aufzugreifen.
- Es wird hier gut aufgenommen, wenn man Probleme thematisiert und nicht unter den Tisch kehrt.

Lob: Das hast du wirklich gut gemacht!

> Die Wertschätzung von Courage und Mut hilft, das Betriebsklima dauerhaft zu verbessern und ein Miteinander zu schaffen, das helle und dunkle Töne zulässt.

Wann ist Lob besonders wirksam?

Ganz klar, wenn es ernst gemeint ist. Jegliche Form der Anerkennung wirkt nur, wenn wir dem Menschen glauben, der die lobenden Worte ausspricht und wir nicht Manipulation, Schönrederei oder gar einen Eigenbedarf dahinter vermuten. Bei Letzterem denke ich auch an inflationäres Lob, das den heimlichen Regeln einer Tauschbörse unterliegt: »Lobst du mich, dann lob ich dich.« Richten wir Lob überdacht, begründet, mit Beispielen versehen und zielgerichtet, dann ist diese Wertschätzung eine motivierende, wunderbare Unterstützung. Eine, die Sie annehmen dürfen, ohne gleich lobend zurückzukontern: »Oh, danke! Aber du bist ja auch so toll, wenn es darum geht ...« Je einfacher ein Lob ausgesprochen wird, je mehr die Worte aus dem Herzen heraus klingen, desto eher kommt es an. Wir Menschen sind eigentlich ganz einfach gestrickt und brauchen gar nicht so viele Worte. Wenn wir spüren, dass es jemand gut und ernst mit uns meint, sind wir doch häufig schon überglücklich und sehen darin ein wirkliches Geschenk.

Das individuelle Lob

Möchten Sie sicher sein, dass Ihr Lob auch wirklich ankommt? Dann können Sie Einiges tun, um sicherzustellen, dass es für den Betreffenden auch tatsächlich passt. Längst weiß die Motivationsforschung, dass wir nicht nur im Lernen, sondern auch in punkto Lob alle grundverschieden sind. Jeder Mensch erfährt die Welt auf seine ureigenste Weise. Keiner ist mit einem anderen vergleichbar. Weder im Lerntempo noch in der Art und Weise, wie Motivation ankommt.

79

Das Lob, das zu einem Menschen passt, kann an einem anderen komplett vorbeigehen. Das gilt auch für Ermutigung oder wenn wir jemand anfeuern wollen.

Ich möchte daher auf ein Thema eingehen, dass nicht nur im Zusammenhang mit Lob wichtig ist, sondern überall dort, wo es um Kommunikation und das Miteinander von Menschen geht: nämlich Wahrnehmung und unsere Sinneskanäle. Viele Missverständnisse lassen sich vermeiden, wenn wir lernen, auf unsere unterschiedlich geartete Sinneswahrnehmung zu achten.

Sind Sie bei allen Sinnen?

Einem gesunden Mensch stehen alle Sinne zur Verfügung. Doch so merkwürdig das vielleicht klingt: Selbst wenn Sie völlig gesund sind, also alle Sinne einsetzen *könnten*, bedeutet das nicht, dass Sie dies auch *tun*. Manche Menschen hören mehr, als sie schmecken. Oder schmecken mehr, als sie fühlen. Oder sie fühlen mehr, als sie hören.

Die meisten Menschen entwickeln im Laufen ihres Lebens manche Sinne stärker aus, manche weniger stark. Es gibt Menschen, bei denen steht sogar nur ein Sinn im Vordergrund. Alles, so scheint es bei genauerer Betrachtung, läuft dann über diesen Kanal.

Die fünf Sinne, über die wir unsere Umwelt wahrnehmen
1. visuell (Sehsinn, Augen)
2. akustisch (Hörsinn, Ohren)
3. kinästhetisch (Gespür der Haut, Tiefensensibilität, Tastsinn, haptisch)
4. olfaktorisch (Geruchssinn, Nase)
5. gustatorisch (Geschmackssinn, Mund, Zunge)

Meist sind ein oder zwei Sinne bei einem Menschen stärker ausgeprägt. Die anderen Sinne sind zwar vorhanden, aber wie seltener benutzte Muskeln etwas geschwächt. Im Alltagsleben fällt das meist gar nicht auf. Jeder Mensch reagiert und agiert über die Sinne, die er am meisten benutzt. Spannend wird es erst, wenn wir merken, was uns alles entgeht oder welche Konflikte möglich sind, weil wir einen Sinn bevorzugt benutzen.

Welcher Sinn steht bei Ihnen an erster Stelle?

Viele Menschen finden ihren bevorzugten Sinneskanal heraus, wenn sie an das morgendliche Aufwachen denken. Probieren Sie es aus!

Bleiben Sie länger im Bett und kuscheln Sie sich noch mal richtig ein? Dann sind Sie vielleicht ein taktiler Typ, also ein Mensch, der seine Umgebung viel über die Haut wahrnimmt. Ganz sicher ist Ihre Bettwäsche dann besonders gewählt und auch Ihre Handtücher im Bad sind von einer bestimmten Flauschigkeit. Bei Ihrem Duschgel kommt es weniger auf den Duft an, sondern eher auf die Konsistenz und das Schaumgefühl.

Oder springen Sie morgens aus dem Bett und drehen sofort das Radio an? Ist Ihnen eine Plauderei auch am frühen Morgen angenehm und die Geräusche der Kaffeemaschine wichtiger als der Kaffee selbst? Singen Sie unter der Dusche und haben Sie eine bestimmte Musik, die Sie gerne auf dem Weg zur Arbeit hören? Klingt ganz danach, als ob Sie ein akustischer Typ wären.

Wie ist es mit den Brötchen? Ist das Knuspergefühl sehr wichtig und ganz bestimmte Marmeladen auf dem Tisch? Ist Ihnen der Tag verdorben, wenn morgens ein bestimmtes Nahrungsmittel fehlt? Lieben Sie es, wenn Schokolade genüsslich auf der Zunge zergeht? Sind Sie ein Kaffeekenner, Teeliebhaber, Käsegenießer? Keine Frage, Sie gehen über den Geschmack, den Genuss, und Musik oder Schaumgefühl steht für Sie an zweiter Stelle.

Gut möglich, dass Ihnen Farben wichtig sind. Dann sind Ihre Handtücher bunt, die Tasse hat ein bestimmtes Muster, Ihre Küche ist voller Bilder und die Marmelade muss nicht nur lecker schmecken, sondern braucht auch ein bestimmtes Aussehen. Sie sind vermutlich ein visueller Typ, wenn Sie sich gleich morgens über den Sonnenschein freuen und bunte Blumen auf Ihrem Frühstückstisch zu finden sind. Sie wissen, welche Farbe heute dran ist, wenn Sie vor dem Kleiderschrank stehen, und können damit auch Ihr Gemüt beeinflussen.

Auch als olfaktorischer Typ mögen Sie Blumen, doch nur dann, wenn diese duften. Nichts ist schlimmer als ein wunderschöner Rosenstrauß, der keinen Duft verströmt. Es ist das Aroma des Kaffees, der Sie aus dem Bett lockt, und Ihr Duschgel hat ein ganz bestimmtes Parfum. Sicher finden sich auch viele Flakons in Ihrem Bad. Mit einem bestimmten Duft können Sie Ihre Laune heben, und es sind bestimmte Gerüche, die Situationen in der Vergangenheit für Sie lebendig machen.

Ganz schön unterschiedlich, wie wir unsere Welt wahrnehmen. Was bedeutet dies für unseren Alltag?

Das Lob muss passen

Wenn Sie eine Kollegin oder ein Kind loben, dann sollten Sie vorher beobachten, welcher Typ der kleine oder große Mensch ist. Wenn Sie Ihrer Kollegin eine wertschätzende Mail schreiben und enttäuscht sind, dass diese nicht reagiert, dann könnte das auch daran liegen, weil Ihre Kollegin möglicherweise ein akustischer Typ ist und Worte lieber hört als liest.

Oder Ihr Lob kommt erst dann zur Geltung, wenn Sie dazu eine Tasse Kaffee anbieten, weil der Geschmack für Ihre Kollegin wichtig ist.

Wenn Sie wissen, welcher Sinnes-Typ Sie persönlich sind, dann können Sie auch sich selbst viel exakter motivieren.

Kann man Sinne schulen?

Und ob! Es wäre doch zu schade, nur einen oder zwei Sinne intensiv zu nutzen und die anderen brachliegen zu lassen. So wie Sie Muskeln aufbauen und trainieren können, ist es auch mit den Sinnen. Wenn Sie vielleicht nun schon wissen, dass Sie alles hören müssen, damit es wirklich bei Ihnen ankommt, dafür aber selten taktile oder haptische Erfahrungen machen, dann ist es an der Zeit, mehr zu berühren und anzufassen. Begutachten Sie Stoffe nicht mehr allein mit den Augen, sondern lassen Sie diese durch die Hände gleiten. Fühlen Sie die Erde bewusst beim Eintopfen, streicheln Sie bewusst eine Katze, spüren Sie die Petersilie bewusst, die Sie für Ihren Salat schneiden. Nach und nach werden die etwas lahmgelegten Sinne vitaler und Sie nehmen das Leben auch mit diesen Sinnen wahr.

Wenn Sie mit allen Sinnen leben, dann sind Sie gleichermaßen motiviert und lernen umso schneller. Mit allen Sinnen gedacht, werden Ihnen ganz neue Ideen für den Kindergarten kommen, Sie werden Kinder und Kolleginnen besser verstehen, die Kommunikation wird deutlich besser fließen und Sie werden durch diese Vielfältigkeit nicht nur selbst mehr aufnehmen können, sondern bereiten auch die Kinder auf ein sinn-volles Lernen in der Schule vor.

Stolpersteine in der Kommunikation durch sinnliche Unterschiede

Auch viele Missverständnisse in der Partnerschaft basieren auf der Unterschiedlichkeit in den Sinnen. Nehmen wir als Beispiel einen taktilen Mann, der mit einer Frau zusammenlebt, die einen akustischen Sinnesschwerpunkt hat. Sie beschwert sich bei ihm: »Nie sagst du mir, dass du mich liebst!« Er entgegnet: »Ich streichle dich doch grad!« »Ja, du streichelst mich, aber du sagst es mir nicht!« Darauf er: »Und *du* nimmst mich nie in den Arm!« Kennen Sie Situationen dieser Art? Die meisten Menschen agieren immer zuerst über die Sinne, die ihnen am vertrautesten und am stärksten ausgeprägt sind. Hätte dieses Paar alle Sinne gut trainiert, dann würde die Liebesbotschaft bestimmt ankommen. Die Frau würde sich über Streicheleinheiten, geschriebene Liebesbotschaften, gekochte Essen, Blumen und Worte gleichermaßen erfreuen können.

Wie finden Sie heraus, welcher Typ ein anderer Mensch ist?
Durch Beobachtung und Zuhören lässt sich der hauptsächlich genutzte Sinneskanal meist gut erkennen. In der Kommunikation zeigt sich sehr schnell, welcher Typ Ihr Gegenüber ist.

- »Lass uns darüber reden«, sagt der akustische Typ.
- »Das muss ich mir erst mal anschauen«, sagt der Visuelle.
- »Ich muss da mal hinfühlen«, meint der Kienästhet.
- »Das riecht nach Ärger«, macht der Geruchstyp deutlich.
- »Lass uns beim Essen drüber reden«, wird der gustatorische Typ vorschlagen.

Und ganz sicher werden Sie ab jetzt Ihr eigenes sinnliches Handeln und das Ihres Umfeldes mit neuem Blick betrachten. Ihr Lob wird sich dadurch verändern und wieder sind Sie ein Stück weiter, auf der Reise zu sich selbst.

Sie sind eine vielfältige, sinnliche Frau. Lassen Sie das sich selbst und andere spüren. Wenn Sie sich selbst loben, dann ermutigen Sie damit auch andere Menschen, sich selbst mehr wertzuschätzen. Für unser gemeinsames Leben und Arbeiten ist das sehr hilfreich, denn mehr und mehr werden die unangenehmen Sprüche vergessen sein, die am Anfang des Kapitels stehen. Wir dürfen stolz auf uns selbst sein und dürfen das auch ausstrahlen. Stellen Sie sich die Strahlkraft Ihres Teams vor, wenn jede Kollegin selbstbewusst zu ihren Fähigkeiten stehen würde und sich alle darüber freuen. Wir können gemeinsam so viel Gutes bewirken, wenn jede Einzelne von uns weiß und zeigt, was in ihr steckt, und darüber auch spricht.

Jetzt sag ich's!
Mehr Selbstsicherheit
im Gespräch

In all meinen Seminaren und Coachingstunden ist dies das Thema Nr. 1. Egal, welches Alter, welche Ausbildung und welchen Beruf die Teilnehmerinnen oder Klientinnen haben, wenn ich von ihnen wissen möchte, in welchem persönlichen Bereich sie den deutlichsten Bedarf spüren, dann lautet die Antwort regelmäßig: »Ich möchte selbstsicherer werden, insbesondere im Gespräch.«

Das ist doch komisch, möchte man meinen. Da reden die Frauen den ganzen Tag, sollen sogar ein paar tausend Worte mehr pro Tag zur Verfügung haben als Männer, und trotzdem empfinden die meisten die Kommunikation als eine Art Problemfeld. Nie geht es darum, dass Frauen sich falsch ausdrücken, alles dreht sich um den Punkt, dass sie sich nicht wahrgenommen und in Gesprächen unbeholfen fühlen. Besonders, wenn Männer an dem Gespräch teilnehmen.

- »Wenn unser Chef kommt und mich etwas fragt, dann beginne ich zu stottern und weiß nicht, warum.«
- »Ich versuche mich in eine Diskussion einzumischen, aber mein Kollege spricht einfach über mich hinweg.«

- »Wir haben so ein paar Väter, die kommen so geschäftsmäßig daher, denen gegenüber fühle ich mich richtig blöd.«
- »Ich kann mich nicht ›fein‹ ausdrücken.«
- »Wenn ich was sagen will, dann denke ich manchmal schon Tage vorher drüber nach, wie ich es am besten ausdrücken soll.«

Wie Sie vielleicht gemerkt haben, beziehen sich die Beispiele vor allem auf den Beruf. Im privaten Umfeld, in der Familie und mit Freunden fällt Frauen das Sprechen häufig leicht. Im Beruf wird die Kommunikation jedoch mit einem Mal brisant. Nicht nur wegen der Botschaft, sondern weil viele Frauen insgeheim befürchten, sie würden nicht »ankommen«, sich nicht »durchsetzen«, andere Menschen »verletzen«, ihnen »zu nahe treten«, sie »erschrecken« oder »unangenehm auffallen«, wenn sie sagen, was sie wollen.

> Frauen möchten, dass man sie mag. Sie passen sich deswegen manchmal an, auch wenn sie eine andere Meinung haben.
> Männer sind es eher gewohnt, ihren Standpunkt zu vertreten. Unterschiedliche Meinungen sind erwünscht und Konkurrenz wird als Ansporn empfunden.

Wieso sind Frauen in der Kommunikation oft unsicher?

Unsicher werden wir vor allem dann, wenn wir ein Statusgefälle wahrnehmen, also den Eindruck haben, dass unser Gegenüber über einen höheren Status verfügt als wir selbst. Nach wie vor schreibt unsere Gesellschaft generell Männern (weißen, wohlhabenden, gesunden Männern) einen höheren Status als Frauen zu. Auch gegenüber Vorgesetzten, seien die nun weiblich oder männlich, oder allen

Arten von Autoritätspersonen kann innerlich schnell ein Hierarchiegefälle entstehen, das zu Unsicherheit führt.

(Dabei ist wichtig zu bedenken: Das innere Gefühl von Status ist nicht festgeschrieben, es ist von einem bestimmten Kontext abhängig und kann sich manchmal innerhalb kürzester Zeit wandeln. Ein erfolgreicher Manager hat beruflich einen hohen Status, doch setzt man ihn in eine Gruppe stillender Mütter, verliert er sein Gefühl von Kompetenz vermutlich schnell.)

Das Wort zu ergreifen und öffentlich ein gewichtiges Statement abzugeben, ist für Frauen oft nicht leicht. Unsere Sozialisation ist an Vorbildern in dieser Hinsicht noch eher arm.

Politik gibt es schon lange, aber Angela Merkel ist die erste Kanzlerin. Unsere weibliche Vergangenheit hat Spuren hinterlassen, auch in der Kommunikation. Kleinen Jungen wurde noch vor wenigen Jahrzehnten in Gesprächen mehr Aufmerksamkeit als Mädchen entgegengebracht. In der Summe hinterlässt das den Eindruck, dass kleine Mädchen weniger wichtige Dinge sagen. Dabei müssen vom Erwachsenen nicht einmal Worte fallen, es genügt ein aufmerksamer Blick und die körpersprachliche Hinwendung zu dem Jungen. Viele erwachsene Frauen erinnern sich hingegen an Momente wie: »Ja, das kannst du mir in der Küche erzählen, hilf mir mal beim Abräumen.« Diese Botschaften kommen ganz nebenbei (vgl. auch das Kapitel Glaubenssätze), aber für viele Mädchen summieren sich solche Situationen zu hemmenden Erfahrungen. Die Frauen betrachten sich häufig als Einzelschicksale – aber sie sind es nicht. Dass eher Männer als Frauen in beruflichen Führungsrollen tätig sind und noch immer mehr verdienen als Frauen, unterstreicht das Erleben aus den Kindheitstagen.

Was Frauen annehmen

- Mir hört man nicht zu.
- Ich habe nichts Wichtiges zu sagen.
- Männer sind gebildeter.
- Mein Kollege ist strukturierter als ich.

- Sollen die anderen reden, ich mache nachher.
- Es bringt nichts, wenn ich was sage.
- Besser nicht, ich kann nicht so gut reden und habe später nur eine Diskussion an der Backe.

Frauen bereiten sich daher oft auch intensiver auf Gespräche vor. Intensiver bedeutet dabei jedoch nicht zwangsläufig sinnvoll oder unterstützend. Häufig werden in der Vorbereitung unangenehme Momente vergangener Gespräche in der Erinnerung noch einmal durchgespielt: Gespräche, die mies verlaufen sind, oder Diskussionen, die mit einem Gefühl von Versagen endeten. Von einer solchen »Vorbereitung« sollten Sie lieber Abstand nehmen.

Frage

Wie erging es Ihnen in den letzten Teamgesprächen, Diskussionen oder Verhandlungen mit Eltern?

Für meine Kommunikation würde ich mir wünschen:

_____

_____

_____

_____

Frauen legen Worte häufig auf die Goldwaage, denken Gespräche lange vor, und wenn ein Gespräch nicht gut lief, dann tragen sie es noch lange mit sich herum. Damit sich das ändert, braucht es eine neue Einstellung, Mut und Training.

Finden Sie in der Bibel die Stellen, in denen Frauen öffentlich vor einer Anzahl Menschen sprechen. Finden Sie die Stellen, in denen Männer sprechen.

Männer haben weit über 2000 Jahre mehr Übung in Sachen Rhetorik und öffentlichem Auftreten als Frauen. Kein Wunder, dass uns manchmal klamm wird!

Aber wir holen auf! Allerdings gibt es ein paar weibliche Angewohnheiten, die sich in Diskussionen und in Einzelgesprächen als ungünstig erwiesen haben. Diese Angewohnheiten sind erlernt und erworben, aber nicht genetisch bedingt. Kurz und gut, wir können daran arbeiten.

Für Ihr Selbstcoaching bedeutet das, die Wünsche, die Sie oben notiert haben, mit meinen Beobachtungen und Angeboten zu vergleichen. Gibt es Überschneidungen, dann können Sie genau an diesen Stellen damit beginnen, eine neue Haltung und ein sichereres Auftreten zu entwickeln.

Innere Monologe, die uns hemmen

Immer wieder beobachte ich, dass Frauen, bevor sie ihre Meinung äußern, lange und ausführlich überlegen. In gemischten Teams ist das noch häufiger der Fall, als wenn ein Team ganz aus Frauen besteht. Sind Frauen unter sich, erlebe ich sie oft mutiger, denn sehr häufig fangen Frauen einander auf. Natürlich bestätigen auch hier Ausnahmen die Regel, ein unschönes Wort dafür ist der sogenannte »Zickenalarm«. Aber so kein offener oder schwelender Konflikt in einem Team wirkt, hören sich Frauen meist zu und nehmen einander ernst.

Handelt es sich um gemischte Gesprächsrunden, so berichten mir Teilnehmerinnen – und das gilt nun für Erzieherinnen wie auch für andere Berufsgruppen –, dass sie nicht allein mit dem gerade anstehenden Thema beschäftigt sind, sondern mit Fragen wie:

- Ist die Stimmung hier gut?
- Könnte sich jemand verletzt fühlen?
- Muss jemand geschützt werden?
- Kann ich überhaupt klar sagen, was ich will?
- Ist mein Statement auch wirklich, wirklich richtig?
- Ist jemand da, der kompetenter ist als ich?
- Wie drücke ich mich besser aus?
- Bin ich verständlich?
- Darf ich das fordern?
- Ist mein Anliegen passend?
- Mögen mich danach noch alle?
- Bin ich rot im Gesicht?
- Ist erkennbar, dass ich unsicher bin?

Diese Gedanken führen Sie in innere Monologe. Wer mit sich spricht, spricht nicht mit den anderen. Vor allem wird es häufig von den anderen Gesprächsteilnehmern bemerkt, wenn Sie nicht bei der Sache und schon länger mit sich selbst beschäftigt sind. Innere Fantasien und Spekulationen bringen Sie in diesen Momenten auch nicht weiter, denn die Antwort liegt im Außen. Wenn es also etwas zu fragen gibt, dann fragen Sie. Ansonsten ist es besser, konzentriert und präsent zu bleiben. Besonders dann, wenn Sie sich in Gesprächen unsicher fühlen. Sie benötigen gerade da Ihre ganze Energie! Innere Fragen, wie die oben angeführten, schwächen Sie aber eher und erhöhen die Wahrscheinlichkeit, sich zu verzetteln oder etwas Wichtiges zu überhören.

Was mache ich, wenn diese Gedanken auftauchen?

Schicken Sie sie weg, aber treffen Sie mit den Fragen eine Verabredung. »Jetzt nicht. Nach der Sitzung denke ich darüber nach.« Sie werden verblüfft sein, wie wohlerzogen Ihre Gedanken reagieren. Viel wohlerzogener als es die Kinder von heute oft sind.

Frauen wollen in erster Linie gemocht werden

… und das ist für die Selbstsicherheit im Gespräch pures Gift! Wenn man Sie mögen soll, dann ist der Berufsalltag das falsche Parkett. Vielleicht gibt es Selbsthilfegruppen, die diesen Wunsch bedienen. Im Beruf geht es aber darum, eine formulierte Konzeption und gemeinsame Ziele zu verfolgen.

Mögliche Team-Ziele
Wir wollen

- für unsere pädagogische Arbeit bekannt sein
- das einzelne Kind nie aus dem Blick verlieren
- uns als Team gegenseitig inspirieren
- voneinander lernen
- Trends und Forschungen kennen
- für die Eltern unserer Kinder Ansprechpartner und Anregung sein

Und sicher gibt es da noch einige Vorsätze mehr. Alle diese Punkte können aber nur in der Auseinandersetzung erreicht werden. Wenn alle Teammitglieder als erste Priorität haben, gemocht zu werden, tritt sehr bald Stillstand ein. Entwicklung entsteht im Miteinander, aber nicht ausschließlich in Harmonie. Oft finde ich als Supervisorin unausgesprochene Abmachungen vor, die etwa so lauten: »Ich mache, was dir gefällt, und dafür stimmst du bei meinen Ideen zu. Damit zeigen wir uns, dass wir uns mögen und respektieren. Wenn du nicht machst, was mir gefällt, ist das ein Angriff für mich und ich werde darauf sauer reagieren.«

Respekt und Anerkennung sind nicht untrennbar mit Harmonie verbunden. Im Gegenteil. Wenn Krisen, unangenehme Rückmeldungen und Kritik respektvoll und anerkennend gemeistert werden, dann ergeben sich daraus sehr häufig verbesserte Strukturen, und ein ehrlicher Umgang miteinander ist gewährleistet. Etwas bewegt sich, kommt in Gang. Nicht umsonst heißt es immer wieder, dass in Krisen Chancen stecken.

91

Warum wollen Frauen überhaupt gemocht werden?
Bei Männern steht dieser Wunsch nicht an erster Stelle. Stellen Sie
sich nur mal vor, Ihr Partner käme abends mit den Worten heim:
»Ich habe mich zu der Fehlerkurve nicht geäußert, denn ich wollte
Richard nicht verletzen!« oder »Ich möchte weiter so gut mit Thomas zusammenarbeiten, deswegen habe ich ihm den neuen Auftrag
überlassen!« Der guten Stimmung wegen einen Beitrag zurückzu-
halten, ist häufig mit einer Art von Verzicht verbunden. Aber warum
wollen Sie verzichten? Für wen? Für was?

> Männer gehen strategisch vor und analysieren erst danach die Beziehungs-
> ebenen.
> Frauen analysieren die Beziehungen, um zu einer Strategie zu kommen.

Egal, ob man den Grund nun in genetischen oder psychologischen
Unterschieden, in gesellschaftlicher Sozialisation oder in einer
Kombination verschiedener Faktoren sieht: Fakt ist, dass Mädchen
und Jungen verallgemeinert gesehen von klein auf einen anderen
Weg einschlagen, um zu ihrer eigenen Persönlichkeit zu werden.

> Frauen suchen ihr Selbst meist, indem sie sich auf andere bezie-
> hen. Männer suchen ihr Selbst überwiegend, indem sie sich von
> anderen unterscheiden.

In Ihrem Arbeitsalltag wird Ihnen das beispielsweise begegnen,
wenn Sie als Frauenteam versuchen, unbedingt zu *einer* Meinung zu
gelangen, nur damit keine Kollegin sich ausgeschlossen fühlt. Frau-
en suchen häufig nach Gemeinsamkeit, auch in den Entscheidungen, und halten zu oft ihre kritischen oder neuen Gedanken zurück.
Die braucht ein Team jedoch, um lebendig zu bleiben.

Was bedeutet das für die Kommunikation?

Das Nachdenken und Ringen um Formulierungen führt nicht nur zu inneren Verkrampfungen, sondern es werden dadurch auch nach außen Signale der Unsicherheit gesetzt. Frauen schweigen und Kolleginnen und andere Menschen beginnen zu spekulieren, was »denn nun schon wieder los ist«. Im ungünstigsten Fall wird das Schweigen als inhaltliche Schwäche interpretiert. Dabei wissen Frauen so viel, sie wagen es sich nur nicht zu auszusprechen. »Die besten Formulierungen kommen mir, wenn die Situation gelaufen ist«, gibt Iris zu. Nur, dann ist es zu spät – zumindest für dieses Gespräch. Dabei hätte es die zweitbeste Formulierung sicher auch getan. Für viele Frauen wie Iris gehen jedoch nun die Selbstvorwürfe los. »Warum habe ich denn nichts gesagt!« Selbstvorwürfe unterstützen nicht, sondern machen Sie noch kleiner, als Sie gerade eh schon sind.

Was können Sie für sich tun?

Wenn Sie verbal unsicher sind, üben Sie; und das geht nur, wenn Sie den Mund aufmachen. Beginnen Sie bei kleinen Themen, die Ihnen erst einmal nicht so wichtig sind. Aber sprechen Sie! Üben Sie bei jeder Gelegenheit. Männer sprechen oft nur, um gehört zu werden, und nicht, weil es um einen bedeutenden Inhalt geht. Sie wollen bemerkt werden. Das ist auch richtig, denn nur wenn wir bemerkt werden, können unsere guten Ideen in ein Gespräch einfließen. Die Verbindung von »Mund auf« und »Inhalt« finde ich ziemlich ideal.

Vielleicht müssen Sie sich an das Gefühl des Bemerktwerdens noch gewöhnen. Das gelingt Ihnen, wenn Sie sich vornehmen, in jeder Teamsitzung zu sprechen und sei es nur ein einziger Satz. Verbale Sicherheit im Gespräch entsteht durch Übung. Sie werden merken, welche Sätze für Sie flüssig sind, welche Beispiele hilfreich und dass es nicht schlimm ist, wenn mal ein Satz danebengeht. Das gehört zum Training! Überlegen Sie dann, was Sie das nächste Mal anders machen können und bauen Sie dies gleich in das kommende Gespräch ein. Sprechen Sie immer ein bisschen mehr, dann werden Sie bei wirklich wichtigen Beiträgen immer seltener Anlaufschwierigkeiten haben. Und sollte es inhaltliche Schwächen geben, dann beginnen Sie, die Lücken zu schließen, indem Sie sich informieren und weiterbilden. Aber üben Sie sich regelmäßig im Gespräch, egal ob im Team, mit der Kollegin oder mit Eltern.

Ihre Wirkung im Gespräch

Nicht nur was wir sagen, hat eine Bedeutung, sondern auch, wie wir dabei wirken. Dabei dominieren Körpersprache und Stimme.

Die sogenannte 55-38-7-Regel des Psychologieprofessors Albert Mehrabian war in den 70er-Jahren eine Sensation. Seine Untersuchungen förderten zutage, dass es beispielsweise bei einem Vortrag nicht in erster Linie der Inhalt ist, der in Erinnerung bleibt, sondern *wie* wir etwas vortragen. 55 Prozent der Aufmerksamkeit zieht die Körpersprache des Vortragenden auf sich (Körperhaltung, Gestik und Augenkontakt), 38 Prozent zielen auf die Stimme und nur matte sieben Prozent sind durch den Inhalt gefesselt. Also kann eine Geste, ein Blick, ein überraschter Ausruf, ein Hemd, das aus der Hose hängt, ein Rock mit schrägem Muster, eine Frisur, die schlecht sitzt, wunderbare Beine … um ein Vielfaches länger im Gedächtnis haften bleiben, als ein Vortrag, an dem stundenlang sprachlich gefeilt wurde.

Möglicherweise denken Sie jetzt: »So ein Quatsch! Ganz sicher kommt es darauf an, *was* ein Mensch sagt.« Okay, lassen Sie es uns direkt überprüfen.

- Erinnern Sie sich an den letzten tollen Vortrag, den Sie hörten. Eine Referentin oder ein Referent, von dem Sie begeistert waren. Was war der Inhalt des Vortrags? Bekommen Sie noch mehr als drei Sätze zusammen?

- Wie lange brauchen Sie als Frau, um zu entscheiden, ob Sie die Einladung eines Mannes annehmen, der Sie an der Bar anspricht? Wenn Sie ablehnen, wie viele Argumente braucht es, damit der Kavalier Sie doch noch umstimmen kann?
- Haben Sie ein Vorbild? Eine beeindruckende Kollegin, eine Künstlerin oder eine weibliche Führungskraft. Was macht diesen Menschen zum Vorbild? Seine Inhalte, oder ist es nicht als Erstes das Charisma, die Wirkung, die Sie jetzt beschreiben?

Natürlich wird dieses Vorbild langfristig kein Vorbild bleiben, wenn der Inhalt nicht stimmt oder nicht schlüssig ist. Aber erst einmal sind wir von der Körpersprache beeindruckt, dann ziehen die Worte nach. Für mich ist es wichtig, beides im Blick zu behalten. Das, was wir sagen wollen, und dann auch wie. Wenn Ihre Körpersprache etwas anderes erzählt als Ihr Mund, dann benötigen Sie viele Argumente, um zu überzeugen. Es ist sogar gut möglich, dass Ihre Gesprächspartner mehr mit Ihrem Körperausdruck beschäftigt sind als mit Ihren Inhalten. Zum Beispiel dann, wenn Sie »verknotet« sitzen, sich beim Sprechen immer wieder die Hand vor den Mund halten oder Ihre Augen gedankenverloren »wandern« lassen.

Körpersprache, die Ihre verbale Botschaft sabotiert

Sie sitzen schief ... das schwächt Ihre Grenze und macht es anderen Menschen leicht, Ihnen körperlich und verbal näher zu kommen. Immer, wenn es darauf ankommt, sollten Sie unverkrampft, aber gerade sitzen. Die Formel: Herz auf Hintern! Herz und Hintern bilden eine Linie.

Der Kopf ist seitlich geneigt ... das verstärkt Ihre schwache Ausstrahlung. Frauen machen das oft, weil so ein schiefes Köpfchen nett und harmlos wirkt. Es heißt körpersprachlich: »Bitte tu mir nichts, ich tu dir auch nichts, denn ich bin nett und pflegeleicht!«

Achten Sie immer darauf, dass Ihr Kopf natürlich gerade ist. Bildlich gesprochen bewirken schon drei Minuten nach zwölf statt zwölf Uhr glatt, dass Sie an Aufmerksamkeit verlieren.

Das Lächeln ... Oh, dieses Lächeln, das keines ist! Eine Kollegin von Ihnen nannte es »die Grinslähmung«. Das Lächeln unterstreicht die gebeugte Haltung und den schiefen Hals und bedeutet noch einmal: »Ich tu dir nichts, ich bin ein liebes Mädchen.« Je nachdem wie häufig es platziert wird, kommt es nicht mehr als Gefühlsbotschaft an, sondern als pure Manipulation.

Ihre Stimme ist zu hoch ... so rundet sich das Gesamtbild ab. Sie werden nicht ernst genommen und bieten damit eine riesengroße Angriffsfläche für Grenzübertretungen, Frechheiten und Anmaßungen. All das, was Sie damit verhindern wollten.

Ihr Blick ist unruhig ... wenn wir nachdenken, suchen wir im Inneren nach Bildern und Beispielen. Das führt dazu, dass die Augen wandern. Ihr Gegenüber sieht das und fragt sich, wo Sie mit »den Gedanken sind«.

Einmaleins der Körpersprache

- Wenn Sie sprechen, dann überprüfen Sie, ob Ihre Mimik, Ihre Stimme und Ihre Körperhaltung das Gesagte unterstreichen.
- Stehen Sie mit beiden Beinen fest, aber zugleich entspannt auf der Erde.
- Sitzen Sie aufrecht. Die beste Formel lautet »Herz auf Hintern«, d.h. Ihr Herz und Ihr Hintern bilden eine angedachte Linie. Sie sitzen so gerade, aber nicht verkrampft.
- Im Sitzen stehen Ihre Füße locker nebeneinander, oder Sie legen unverkrampft ein Knie über das andere.
- Ihre Stirn zeigt auf »zwölf Uhr«.
- Blicken Sie beim Sprechen Ihrem Kommunikationspartner in die Augen.
- Lächeln Sie nur, wenn es etwas zu lächeln gibt.
- Bleiben Sie klar und sachlich.

- Denken Sie sich nicht in fremde Köpfe, sondern erkundigen Sie sich, ob Ihr Eindruck stimmt.
- Ihre Stimme sitzt dort, wo sie sitzen soll. (Eine kleine Übung dazu: Denken Sie intensiv an etwas Gutes zu essen, streichen Sie Ihren Bauch im Uhrzeigersinn und sagen Sie dazu: »Mmmh, mmmh, ist das lecker, mmmh, lecker, lecker ...« usw. Der Ton, auf dem nach ein paar Sekunden Einüben das »Mmmmh« und »Lecker« gesprochen wird, ist »Ihrer«. Machen Sie die Übung immer wieder, hören Sie sich zu und speichern Sie Ihren Ton ab. Am besten funktioniert die Übung, wenn Sie wirklich Hunger haben.)

Neben unserer Wirkung und unserem Auftreten zählen Stimme und Satzbau zu den wichtigsten Faktoren in der Kommunikation. An allem können Sie üben und mit jeder Übung besser werden. Ist das nicht wunderbar? Fortschritte in der Kommunikation zeigen sich sehr schnell, aber die tägliche Dosis Training macht's.

Der Schlüssel: Präsenz

»Ach je, wenn ich mir das alles merken soll, dann komme ich gar nicht mehr zum Reden«, lachte eine Teilnehmerin. Das stimmt: Wenn wir uns durchchecken wie mit einem Programm, kann das ganz schön beschäftigen. Es gibt aber einen Kniff – wenn Sie den beachten, können Sie ganz entspannt bleiben, denn der Kniff sorgt dafür, dass die Natur es für uns regelt: Zeigen Sie sich präsent!

Wenn Sie komplett präsent sind, also bei Ihrem Gegenüber und nicht in innere Monologe, Dialoge, Beschimpfungen und Träumereien abdriften, haben Sie eine gute Körperspannung, die Augen leuchten und die Stimme sitzt da, wo sie bei Ihnen natürlich sitzt. Sie werden dann auch nicht unmotiviert lächeln und sich ganz sicher nicht um Kopf und Kragen reden. Präsenz verleiht Ausstrahlung und Ruhe. Wir werden und wirken deutlich. Sobald Sie beim anderen und Ihren Worten sind, werden Sie viel weniger Aufmerksamkeit erhaschen müssen, als Sie es gewohnt waren. Sie *sind* dann. Wunderbar!

Ich selbst sage zu mir leise »Jetzt!«, wenn ich ganz präsent sein will. Das ist für meine ganze Haltung dann so etwas wie ein Startschuss. Ich weiß dann: »Jetzt gilt es!« und das ist ja meist nur für eine definierte Zeit, wie ein Gespräch, ein Vortrag, ein Workshop. Definierte Zeiten halten wir ganz lässig präsent durch!

Dabei verändert sich unser Auftreten noch mit Situation und Lebensalter. Die Kommunikation und das Auftreten einer zwanzigjährigen Frau sind anders, als die einer Frau mit Mitte vierzig. Wie wollen Sie sein? Wie wirken? Wie sich bemerkbar machen? Sie dürfen sich selbst auch immer wieder neu erfinden.

Klarheit zählt: Sag nicht »Ja«, wenn du »Nein« meinst

Kaum steht eine Anfrage oder Bitte im Raum, hören sich viele Frauen auch schon »Ja« sagen, selbst dann, wenn sie gar nicht direkt angesprochen wurden. Zu einem »Nein« müssen sich die meisten eher überwinden. Oft hindert dabei weniger die Furcht vor Repressalien als eher der Wunsch, es »recht machen« zu wollen, oder das Gefühl, »verantwortlich« zu sein. Dabei spielt es keine Rolle, ob die Aufgabe im privaten oder geschäftlichen Umfeld gestellt wird. Frauen sind grundsätzlich bereit, viel zu tragen, auch alleine, denn: »Eine muss es ja schließlich machen!«

Genauso wie wir uns selbst beigebracht haben, zu schnell »Ja« zu sagen und uns verantwortlich zu fühlen, können wir allerdings auch wieder lernen, mehr auf uns selbst zu achten und zu überprüfen, wann wir wirklich eine Aufgabe übernehmen möchten und wann nicht.

Wenn Sie unnötigen Stress in Ihrem Leben vermeiden möchten, dann kommen Sie am Nein nicht vorbei.

Sagen Sie Nein zu
- Aufgaben, die Ihre Kraft übersteigen
- Verabredungen mit Menschen, die »Energie ziehen«

- Eltern, wenn die zwischen Tür und Angel grundlegende Gespräche mit Ihnen führen möchten (vereinbaren Sie einen Termin!)
- Kolleginnen, die Aufgaben auf Sie abwälzen möchten
- Ihren eigenen überhöhten Ansprüchen
- privaten Überforderungen
- Ernährung, die Ihrem Körper keine wirkliche Nahrung bietet
- einer Tagesstruktur, die keine Regenerationszeiten enthält

Das Nein im Beruf

Gar nicht so leicht. Haben Sie sich nicht per Vertrag dazu verpflichtet, Ihre ganze Arbeitskraft zur Verfügung zu stellen? Dürfen Sie einen Auftrag ablehnen, eine Anfrage oder Bitte verneinen, oder ist das vielleicht schon so etwas wie ein Kündigungsgrund?

Es gehen uns schnell viele bedrückende Argumente durch den Kopf, und unangenehme Gefühle entstehen im Bauch, bedenkt man ein Nein im Beruf. Da ist es wirklich viel leichter, Ja zu sagen, auch wenn es auf die eigenen Kosten und die eigene Kraft geht, nicht wahr? Im Falle der Überforderung braucht man dann wenigstens nur mit sich schimpfen und hat keine langwierigen Teamdiskussionen am Hals. Und wenn man dann krank wird, na ja, dann muss man halt daheimbleiben.

Tatsächlich!?

Wenn Sie wirklich im Sinne Ihrer Einrichtung denken wollen und für sich Verantwortung übernehmen, dann kann nicht die einzige Lösung »arbeiten bis zum Umfallen« sein. Personelle Ausfälle in Einrichtungen sind teuer! Nicht nur was den Etat angeht, sondern auch hinsichtlich der Kraft und Nerven Ihrer Kolleginnen.

Klarheit zählt: Sag nicht »Ja«, wenn du »Nein« meinst

Das sinnvolle Nein

Das sinnvolle Nein ist ein überlegtes Nein. Wie können Sie besonders im beruflichen Kontext also Aufträge ablehnen, ohne sich als »Arbeitsverweigerin« fühlen zu müssen oder zu befürchten, als solche gesehen zu werden?

Wie in vielen anderen Bereichen auch ist der Weg der Klarheit einer der besten. Nicht nur klar in der Kommunikation, sondern auch klar im eigenen Verhalten. Wenn Sie das Nein sinnvoll verwenden wollen, sollten Sie wissen, was Sie damit verbinden und was das Ja im selben Kontext für Sie bedeutet.

Frage

Machen Sie sich eine kleine Tabelle und erinnern Sie sich an verschiedene Anfragen und Situationen, in denen Sie Ja statt Nein und umgekehrt sagten. In welcher Verbindung stehen die beiden Worte? Zu was sagen Sie Nein, wenn Sie Ja sagen? Zu was sagen Sie Ja, wenn Sie Nein sagen?

Ja und Nein sind die Seiten ein und derselben Münze. Sie können, wie bei einem Schokoladentaler, die eine Seite nicht von der anderen lösen.

Verena hat beschlossen, für den Sommerbasar keinen Kuchen zu backen. Die letzten Jahre stand sie immer in der Küche, nun, findet sie, sind die anderen Kollegen dran.

»Wer bringt einen Kuchen mit?«, will beim Organisationsabend ein Vater von Eltern und Erzieherinnen wissen. Er schaut in die Runde und seine Augen bleiben an Verena gefühlte zwanzig Minuten hängen. Tausend Gedanken schießen Verena gleichzeitig durch den Kopf. Sie will nicht backen, aber sie gehört zum Team und möchte auch ein Vorbild sein. Als der Blick des Vaters erneut in ihre Richtung wandert, hört sie sich laut und deutlich sagen: »Ja. Ich.« Und nach einer kurzen Pause: »Zwei!«

101

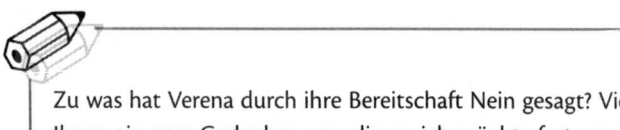

Zu was hat Verena durch ihre Bereitschaft Nein gesagt? Vielleicht kommen Ihnen ein paar Gedanken, was dieses, ich möchte fast sagen doppelt leichtfertig ausgesprochene Ja, für Verena bedeuten könnte.

_____

_____

_____

_____

Was denken Sie, wie Verena sich danach fühlt? Stolz und selbstbewusst, wie man sich nach einem durchdachten und laut ausgesprochenen Ja fühlt?

Wer Ja sagt, obwohl er Nein meint, untergräbt langfristig das eigene Selbstbewusstsein und die Selbstachtung. Mit dem ungewollten Ja gehen oft sehr belastende Gefühle einher. Etwa

- Wut
- Ohnmacht
- Angst
- sich ausgenutzt fühlen
- nicht wirklich beachtet zu werden

Menschen, die sich schwer damit tun, auch mal Nein zu sagen, verbannen ihre eigenen Bedürfnisse regelmäßig in die zweite Reihe. Das macht unzufrieden und es werden »innere Rabattheftchen« angelegt.

Klarheit zählt: Sag nicht »Ja«, wenn du »Nein« meinst

Das innere Rabattmarken-Heft

Wir sagen Ja, obwohl wir eine Aufgabe nicht übernehmen wollten, und merken uns das »für die Zukunft«. Obwohl es besser wäre, diesen Auftrag zu diskutieren, nehmen wir ihn an. Oftmals in dem festen Glauben, dass der andere weiß, wie viel Überwindung uns die Zustimmung kostet. Wir gehen dann davon aus, dieser Mensch wird ein anderes Mal »uns zuliebe« auch Ja sagen, obwohl er Nein meint. So kommt eine schöne Sammlung von scheinbaren »Hilfsbereitschaftsmarken« zusammen, die in einem Konfliktdialog als Kanonenfutter dienen.

> »Ich habe letztes Mal auch die Kinder für dich mitbetreut, bloß weil du dich in etwas einarbeiten wolltest.«
> »Also bitte, ich habe auch schon für dich mitgearbeitet, weil dir was anderes wichtig war.«
> »Was soll denn das gewesen sein?«
> »Erinnere dich doch bitte mal an deinen Konflikt mit Linda. Den habt ihr schön in der Dienstzeit ausgetragen.«

An einem solchen Dialog wird sichtbar, wie oft wir einen Gefallen durchaus nicht »aus Gefälligkeit« tun, sondern weil wir meinen, dann etwas beim anderen gut zu haben.

> Einer Sache zuzustimmen, die man nicht wollte, sich »breitschlagen« zu lassen, etwas zu übernehmen, was eigentlich nicht in den eigenen Aufgabenbereich gehört oder jemand einen Gefallen zu tun, der überhaupt nicht gefällt, zieht viel nach sich. Nicht nur Arbeit, sondern auch eine Menge Ärger. Den meisten davon in uns selbst, denn die anderen sind ja zufrieden.

Täglich begegnen wir Situationen, die uns ein Nein abverlangen und in denen wir diese vier Buchstaben aber einfach nicht über die

Lippen kriegen. »Ich habe Angst, dass man mich dann nicht mehr mag!«, höre ich immer wieder. »Ich möchte andere Menschen mit meiner Absage nicht verletzen, sie nicht vor den Kopf stoßen.« *Ich möchte geliebt werden,* vervollständige ich dann – manchmal nur für mich, manchmal laut vernehmbar – diesen Satz.

Warum sagen wir Ja statt Nein?

Hier einige der typischen, oft unbewussten Gründe, warum wir nicht offen sagen, wenn wir eigentlich lieber ablehnen würden.

»Ich will keinen Ärger«

Die meisten Menschen machen bereits im Kindesalter die Erfahrung, dass ein Ja Lob und Zuwendung nach sich zieht, ein Nein hingegen zu kritischen Nachfragen, Unverständnis und oft auch unangenehmen Nachwirkungen führt. Besonders bei Mädchen wurde in früheren Erziehungszeiten ein Nein eher mit Trotz, bei Jungen hingegen mit Durchsetzungsvermögen und Überlegtheit gleichgesetzt. Diese alten Zeiten wirken bis heute nach. In einer Abteilung habe ich erlebt, wie eine männliche Führungskraft auf das weibliche Nein reagierte. Er sah die Mitarbeiterinnen schräg an und meinte dann: »Das ist doch nicht Ihr Ernst?« Doch das war er.

Natürlich müssen wir damit rechnen, dass nicht jedes Gegenüber begeistert ist, wenn wir Nein sagen – zumal wenn wir in dem Ruf stehen, sehr hilfsbereit zu sein. Vielleicht ist die Kollegin tatsächlich verschnupft oder wir machen uns Sorgen, dass unsere Vorgesetzte nun Konsequenzen zieht und wir Ärger bekommen. Die Frage ist jedoch: Treten die Konsequenzen wirklich ein? Und wenn: Können wir nicht sogar mit ihnen umgehen? Oft genug stellen sich Konfliktsituationen in unserer Fantasie bedrohlicher dar, als sie es in der Realität sind. Betrachten Sie sich also die Situation so objektiv und sachlich wie möglich und wägen Sie erst dann ab.

Klarheit zählt: Sag nicht »Ja«, wenn du »Nein« meinst

»Ich bin für andere wichtig«

Natürlich sind Sie das, aber besonders dann, wenn Sie klar sind. Dann sind Sie nämlich nicht nur wichtig, sondern in unserer zweideutigen und doppelbödigen Welt überaus hilfreich. Sie können sich und anderen Menschen vorleben, dass man zu sich stehen kann, ohne die anderen zu verlassen.

»Ich möchte nicht alleine sein«

Ein Nein macht nicht einsam. Und viele Neins auch nicht. Im Gegenteil, die Menschheitsgeschichte hat bewiesen, dass besonders die Menschen Vorbilder werden, die von dem überzeugt sind, was sie tun und sagen. Denken Sie an die charismatischen Menschen dieser Zeit. Glauben Sie, der Dalai Lama sagt zu etwas Ja, hinter dem er nicht steht? Nein, er ist klar und eindeutig und deswegen pilgern die Menschen zu ihm hin und lauschen seinen Reden. Menschen, die klar sind, sind glaubwürdig! Kaum ein Persönlichkeitsmerkmal ist anziehender.

»Es ist nicht christlich«

Glauben Sie, Jesus war ein Ja-Sager? Ich gehe nicht davon aus. Und auch die Heiligen in anderen Religionen zeichnen sich eher durch Klarheit aus als durch vorschnelle Zusagen. Manchmal fühlt sich etwas hart an, ist aber für einen anderen Menschen dennoch wertvoll. Ich erinnere mich, wie mir meine mütterliche Freundin einmal den Trost in einer Situation verweigerte. Erst war ich geknickt und fühlte mich furchtbar allein gelassen, aber im Nachhinein war es ihr Nein, das sofort zu einem sehr gesunden Wandel bei mir führte. Hätte sie mir meinen Wunsch erfüllt, hätte ich mich zwar kurz unterstützt und getröstet gefühlt, aber darüber hinaus hätte ich an meiner Situation nichts geändert. Meine mütterliche Freundin ist übrigens überaus christlich und in der Kirche engagiert. Das nur nebenbei.

»Wir wollen alle gut miteinander sein«

Das Streben nach Harmonie zählt zu den meist genannten Argumenten, wenn Frauen ein unüberdachtes Ja begründen. Es ist schön, wenn es gut ist. Alle mögen sich und sind freundlich miteinander. Das geht aber auch dann, wenn Sie Nein sagen. Eine Abgrenzung behindert nicht die Harmonie, sondern macht sie echt und tragfähig. Erinnern Sie sich an das Rabattmarkenheft. Eine Harmonie, die auf Überredung, Manipulation und Ängstlichkeit begründet ist, kippt sehr schnell, und danach hört man die Teamkolleginnen oft sagen: »Eigentlich war es nie wirklich gut. Aber jetzt, wo wir ehrlicher miteinander sind, könnte es tatsächlich harmonisch werden.«

»Ich entscheide mich nicht gern«

Das Leben besteht aber aus Entscheidungen und wird von Entscheidern vorangetrieben. Es gibt genug Menschen, die sich nicht trauen, sich zu entscheiden. Wenn Sie an Selbstbewusstsein gewinnen wollen, sind Entscheidungen wichtig. Auch für die Kinder in Ihrer Einrichtung ist es eine wichtige Erfahrung, wie man als Erwachsener zu Entscheidungen kommt. Wie wägen Sie also ab und was könnte Sie darin unterstützen, schneller eine Entscheidung zu finden? Ist es eine Pro-und-Konta-Liste, ein Gespräch oder benötigen Sie noch Informationen? Häufig bringt der Weg zur Entscheidung uns die Entscheidung nahe.

»Ich will niemandem wehtun«

Na ja, es ist die Frage, ob Sie so viel Macht über andere haben, dass ein beherzt ausgesprochenes Nein gleich andere verletzt. Ist es nicht eher so, dass es gut tut, beim Gegenüber zu erleben, dass jemand sich abgrenzen kann? Vielleicht sogar noch eine Alternative oder Lösung anbieten kann, ohne dass die Stimmung kippt? Wir alle möchten doch viel lieber zu uns und zu unseren Aussagen stehen.

Klarheit zählt: Sag nicht »Ja«, wenn du »Nein« meinst

Wie hilfreich, wenn jemand uns vorlebt, wie das geht. Also seien Sie freundlich und sagen Sie immer mal wieder Nein.

Und der Klassiker: »Ich will geliebt werden«

Verständlich, aber ob ein ungewolltes, unaufrichtiges Ja Sie in die Herzen der Menschen bringt, ist noch die Frage. Und wollen Sie in solch einem Herzen wirklich sein, das sich nur dann für Sie erwärmt, wenn Sie die Wunscherfüllerin spielen? Auch kantige Menschen werden geliebt. Zuweilen sogar mehr als die weichgespülten.

Der Weg zum selbstbewussten Nein

Wenn Sie in Zukunft gerne selbstbewusst Nein sagen möchten, können Sie sich selbst unterstützen, indem Sie die folgenden drei Punkte beachten.

1. Schritt: Hinfühlen

Bei einem Auftrag, einer Anfrage, einer Bitte spüren Sie erst einmal nach. Ihr Unterbewusstsein gibt Ihnen, meist durch ein Körpergefühl, schon mal ein Signal, in welche Richtung Sie tendieren. Ein freudiges Ja werden Sie ganz deutlich spüren, ein Nein wird vielleicht durch ein Druckgefühl begleitet und Ihre Unentschlossenheit durch so etwas wie Leere im Kopf.

2. Schritt: Fragen Sie nach

Möglicherweise brauchen Sie für Ihre Entscheidung noch verschiedene Informationen. Erst wenn Sie die alle haben, können Sie die richtige Wahl für sich treffen.

107

3. Schritt: Bitten Sie um Bedenkzeit

Sie spüren, dass etwas in Ihnen »grummelt«, Sie unsicher sind und noch keine Antwort haben. Jetzt ist genau der Punkt, an dem die meisten Frauen Ja sagen. Es ist ihnen peinlich, vor jemandem zu stehen und keine Argumente parat zu haben. Entscheidungsprozesse brauchen sehr oft Zeit, also nehmen Sie sich die.

- »Ich merke, ich muss noch mal fünf Minuten drüber nachdenken, ich komme gleich auf Sie zu!«
- »Um Ihnen eine überlegte Antwort zu geben, brauche ich noch ein paar Informationen ... Ich melde mich nachher bei Ihnen.«
- »Bitte lass mich eine Nacht drüber schlafen.«

Nach dieser Zeit werden Sie wissen, warum Sie etwas nicht übernehmen wollen, und können Ihre Gründe wohlüberlegt artikulieren. Nicht nur ein Ja, auch ein Nein bekommt so einen Sinn.

Begründete Ablehnung

Für Ihr Gegenüber ist ein Nein sehr viel leichter zu akzeptieren, wenn Sie es begründen. »Ich kann den Auftrag nicht übernehmen, denn es mangelt mir an:

- Zeit
- Informationen
- Kenntnis
- Equipment oder
- Know-how

Wenn Sie beginnen, Ihr Nein zu durchdenken, und Ihre Gründe vortragen, entsteht eine Diskussion. Sie können dann mit Ihrer Kollegin, Führungskräften oder Eltern darüber verhandeln, zu was Sie bereit sind, zu was nicht und ob Sie Alternativen sehen.

Klarheit zählt: Sag nicht »Ja«, wenn du »Nein« meinst

Nein heißt: Es sind

N	och
E	inige
I	nformationen
N	ötig

Muss jedes Nein begründet werden?

Nein, muss es nicht – zumindest nicht im privaten Umfeld. Im beruflichen finde ich aber eine Begründung kollegial, fair, nützlich und sehr wichtig. Ihre Gründe, die dagegen sprechen, können für andere sehr wertvoll sein. Umgekehrt kann es sein, dass es Ihnen unbemerkt an Informationen oder Aspekten mangelt. Für diesen Informationsfluss braucht es ein Gespräch.

Kulturen sind verschieden

Vielleicht sind auch in Ihrer Einrichtung viele Kinder mit verschiedenen Wurzeln. In Mannheim gibt es Kindergärten, die einen Anteil von 50 % an Kindern aus anderen Kulturen haben. Jede Kultur, sogar die österreichische, geht, verglichen mit der deutschen, anders mit dem Nein um. In Wien wird ein Nein als unhöflich ausgelegt. Man redet viel um das Nein herum, weil es dort so üblich ist. Menschen mit indischen Wurzeln schütteln den Kopf, um eine Zustimmung zu geben. Wir können unseren deutschen Umgang mit dem Nein nicht auf andere Kulturen übertragen. Für Ihre Elternarbeit ist es unterstützend, wenn Sie sich erkundigen, wie der Umgang mit dem Nein in den Ursprungsländern der jeweiligen Kinder und Eltern ist.

- Fragen Sie genau nach, was andere Menschen von Ihnen erwarten und antworten Sie erst, wenn Sie sich wirklich für oder gegen etwas entschieden haben.

- Wenn jemand um konkrete Hilfe bittet: Erklären oder zeigen Sie, wie es geht, aber übernehmen Sie für den anderen nicht die Aufgabe.

- Wenn Ihre Freundin oder Kollegin sich bei Ihnen ausjammern will, dann bitten Sie diese, bis zum Treffen schon mal drei Lösungen zu finden. Das verkürzt diese Beratungsgespräche ungemein.

- Begrenzen Sie Gesprächszeiten, indem Sie zu Beginn einer Unterhaltung klar machen, wie viel Zeit Sie haben. Das können Sie ganz charmant und dennoch für Ihr Gegenüber deutlich tun, indem Sie z.B. sagen: »Wir können sehr gerne darüber sprechen und ich hätte dafür 30 Minuten Zeit. Ist das für dich ok?«

- Wenn Sie um Rat gefragt werden, überlegen Sie eher mit Ihrem Gegenüber wie er sich selbst helfen könnte, und lösen Sie nicht sofort jedes (fremde) Problem. »Hilf mir, es selbst zu tun«, empfahl bereits Maria Montessori.

- Stellen Sie viele Fragen und halten Sie sich mit eigenen Meinungen und Ansichten eher zurück. Fragen helfen weiter, denn dann denken Menschen nach und kommen auf eigene Lösungen.

Klarheit zählt: Sag nicht »Ja«, wenn du »Nein« meinst

Wir sind ein Team!
Wie Zusammenarbeit gelingt

Nichts ist so belastend wie die Zusammenarbeit mit einem Team, in dem die Chemie nicht stimmt, die Arbeitsauffassungen differieren oder die Teammitglieder aufgrund von Kommunikationsstörungen nur mit Mühe einen gemeinsamen Nenner finden.

Schon allein aus diesem Grund, also um Ihrer selbst willen, sollte es Ihnen ein Anliegen sein, die Zusammenarbeit mit Ihren Kolleginnen immer wieder aufs Neue positiv zu beeinflussen und anzuregen. Wie könnte es auch anders sein: Wenn wir das wollen (und ich will es wie Sie, denn ich arbeite ja ebenso mit Menschen zusammen), kommen wir nicht umhin, bei uns selbst anzufangen. Aber das macht auch nichts. Wir selbst sind schließlich für uns selbst immer verfügbar.

Wie wünschen Sie sich Ihr Team?

Wenn eine Fee käme und anbieten würde: »Ich schenke dir ein gutes Team. Sage mir aber genau, was du willst!« – was würden Sie sich wünschen? Wie sollten Ihr Team und die Kolleginnen sein? Welche Eigenschaften fallen Ihnen ein? Mit welchen Worten und Begriffen würden Sie der Fee Ihr Team beschreiben? Zu wie viel Prozent soll jede Zutat enthalten sein?

In meinen Seminaren wünschen sich die Teilnehmerinnen häufig eine Kollegin, die

80 %	gut gelaunt	100 %	zuverlässig
95 %	hilfsbereit	100 %	fachkundig
100 %	ehrlich	100 %	belastbar
90 %	meinungsstark	80 %	motivierend
80 %	anregend	100 %	verschwiegen
100 %	eine gute Kameradin		und schlau ist.

Nach der Gruppenarbeit pinnen die Teilnehmerinnen diese Resultate an die Wand und nicken dazu noch unterstreichend. Ja, so soll sie sein, die Kollegin. Das würden sie sich wünschen.

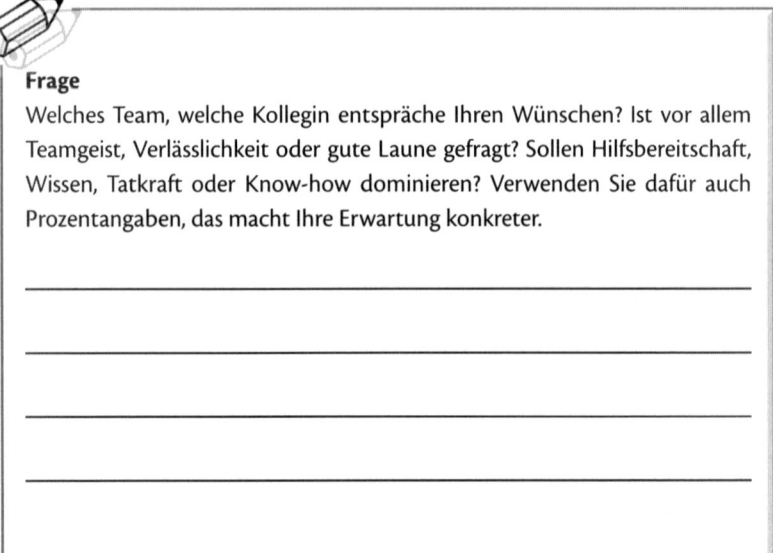

Frage

Welches Team, welche Kollegin entspräche Ihren Wünschen? Ist vor allem Teamgeist, Verlässlichkeit oder gute Laune gefragt? Sollen Hilfsbereitschaft, Wissen, Tatkraft oder Know-how dominieren? Verwenden Sie dafür auch Prozentangaben, das macht Ihre Erwartung konkreter.

_____

_____

_____

_____

Nun haben Sie eine Idee von den Eigenschaften und Zutaten, die Sie sich von Ihrem Team oder Ihrer Kollegin wünschen. Jetzt kommt die nächste Aufgabe, die ich so auch in meinen Seminaren stelle:

»Schreiben Sie in Prozenten daneben, was Sie selbst von diesen Zutaten in die Arbeitsbeziehung einfließen lassen.« Schließlich haben Ihre Kolleginnen ja vermutlich ähnliche Wünsche. Also, was davon bringen Sie denn mit?

Uuups?
Genau!

Das Team beginnt bei Ihnen. Sie sind ein Teil. Können Sie mehr fordern, als Sie bereit sind zu geben? Meine Beobachtungen bei der Teamentwicklung ähneln oft Momenten in der Paarberatung: Zwei sind da und wünschen sich etwas – vom anderen. Aber das Verblüffende ist, dass das, was sich der eine wünscht, der andere ebenfalls erwartet.

> »Nie beachtest du mich und machst mir mal ein Komplement. Da kann ich anziehen, was ich will«, sagt sie.
> »Ach ja? Und als ich mir zum Sommerfest extra einen neuen Anzug gekauft habe, hast du da vielleicht etwas gesagt? Was glaubst du wohl, wie motivierend das für mich war«, schimpft er.

Oje … aufhören! Einer muss eben mal anfangen mit »Liebling, du siehst schön aus!« Beide sehnen sich doch nach dem Gleichen!

Der Kindergartenalltag unterliegt einem permanenten Wandel

Es gibt ihn kaum mehr, den Kindergarten mit drei Gruppen, die alle getrennt sind und jede für sich arbeiten. Jeder Kindergarten hat sein eigenes Konzept, das sich immer wieder neu verändert und den Bedürfnissen der »Kunden« anpasst. Das stellt hohe Anforderungen an die einzelne Erzieherin und an das gesamte Team.

> Lea arbeitet in einem Kindergarten mit 102 Kindern. Krabbelkinder und Kindergartenkinder sind dabei – und es gibt keine Gruppen mehr. Was einst die Unternehmungen waren, die in den einzelnen Gruppen durchgeführt wurden, hat sich durch offene Räume in ein großes Angebot verwandelt.

Nicht nur die Tagesgestaltung, auch das Team-Empfinden hat sich dadurch verändert. Wo früher zwei Erzieherinnen mit Praktikantin oder Helferin für eine Gruppe zuständig waren, steht manche Erzieherin mit ihrem Angebot und den damit verbundenen Aufgaben allein. Aber auch in Kindergärten mit festen Gruppen kann das passieren, etwa, wenn eine Kollegin erkrankt.

Wie immer Sie auch arbeiten, ob zu zweit, mit einem kleinen Team oder wie Lea mit vielen Kolleginnen und einem Kollegen: Team bleibt Team. Sie müssen miteinander auskommen, haben eine gemeinsame Aufgabe, müssen innovativ sein, am Puls der Zeit bleiben, Erwartungen und Anforderungen erfüllen. Und es gilt anzuerkennen, dass alle Menschen grundverschieden sind.

Was ist ein Team?

Das Wort Team stammt aus dem Altenglischen. Team bedeutet hier Familie oder Gespann, Nachkommenschaft. In der Berufswelt versteht man unter dem Begriff Team den Zusammenschluss von mehreren Personen. Das Team hat gemeinsame Aufgaben, Projekte, soll etwas lösen oder ein Ziel erreichen. In der Regel steht dem Team eine Führungskraft vor oder zumindest jemand, der das Team leitet.

Die Verschiedenartigkeit und die unterschiedlichen Kompetenzen werden in den unterschiedlichen Arbeitsbeiträgen sichtbar. Jede Kollegin verhält sich anders. Manchmal handelt es sich nur um feine Nuancen, die aber auch – mal mehr, mal weniger – Reibung verursachen können.

Es menschelt, und das ist auch sehr gut so, denn die Kinder Ihres Kindergartens lernen nicht zuletzt von den Erzieherinnen, wie Zusammensein gelingt und wie wir mit unterschiedlichen Menschen ein Ziel verfolgen. In der Arbeit mit den Kindern nennen Sie dies »soziale Kompetenz«; auf Ihre Teamarbeit bezogen könnte man dazu »kollegiales Miteinander« sagen.

> Wir müssen akzeptieren, dass andere Menschen anders sind als wir und nach persönlichen Gesetzmäßigkeiten agieren. Das, was Ihnen leicht fällt, ist für andere eine Hürde. Die Themen, in denen Sie Unterstützung brauchen, sind für andere ein Klacks.

Viele Kolleginnen – viele »Länder«

Jeder Mensch lebt nach den Prinzipien und Regeln seines eigenen »Landes«. Das Land ist üppig oder karg, es hat Flüsse, Berge und Burgen, Wüstenlandschaften, Oasen und unterirdische Kraftquellen. Jedes Land hat seine Landkarte und eigenen Grenzen. Die können sehr dehnbar oder flexibel sein oder unverrückbar, wie eine Mauer.

115

Übung

Haben Sie Ihren eigenen Grenzen schon einmal genau nachgespürt? Wissen Sie, wie weit ein Mensch gehen darf, wie nahe Ihnen jemand kommen darf? Probieren Sie es aus!

Stellen Sie sich mit einer Freundin gegenüber und tarieren Sie beide ganz langsam aus, wie nah sie aufeinander zugehen können und ab wann die Nähe unangenehm wird. Wenn Sie diese Grenze bei Ihrer Freundin erkennen, dann spüren Sie nach, wo die Grenze bei einer Kollegin, einem Vorgesetzten wäre. Die Grenzen sind bei jedem Menschen unterschiedlich und höchst variabel, je nachdem, wer einem in welcher Situation nahe kommt. Doch nicht nur Körper, auch Worte können zu dicht oder intim werden.

Wo liegen Ihre Grenzen? Was macht Sie ungeduldig und wo liegen Ihre heimlichen Empfindlichkeiten?

Was immer Sie auch fühlen oder denken, alles hat eine Geschichte, deren Wurzeln sich häufig bis in Ihre Kindheit erstrecken. Und zu dem Zeitpunkt, an dem Sie sich Ihre Verhaltens-, Gefühls- und Denkstrukturen zulegten, waren diese absolut passend und sinnvoll.

Melanie ist in einer großen Familie aufgewachsen und hatte kein Zimmer für sich. Sie lernte sich auch dann zu konzentrieren, wenn viele andere Menschen in einem Raum sind. Lärm und Herumtollen bedeuten für sie Lebendigkeit und Energie. Die Großfamilie lehrte sie zudem, verschiedene Ansichten zu diskutieren, eigene deutlich zu machen und Rücksicht auf andere Menschen zu nehmen.

Simone ist ein Einzelkind. Da sie keine Geschwister hatte, musste sie oft alleine spielen. Sie bastelte, schrieb, malte und studierte kleine Lieder ein. Kreativität ist Simone wichtig, aber es muss ruhig dafür sein. Ihre Eltern nahmen Simone ernst und bevormundeten sie nie. Kein Wunder, dass Simone es heute nicht mag, wenn man ihr Vorschriften macht.

116

Wenn wir uns begegnen, dann ähnelt das dem Besuch in einem anderen Land. Wir müssen uns nach der Sprache, den Gesetzen und den Traditionen erkundigen, denn die sind von Land zu Land unterschiedlich. Nicht einmal sehr ähnliche Länder, nehmen wir in der Realität Deutschland und Österreich, haben die gleichen Angewohnheiten und Bedingungen. Das fängt bei dem Bestellen einer Tasse Kaffee an und hört bei dem Wienerle auf, das in Wien Frankfurter heißt.

Frauke arbeitet mit einer Kollegin zusammen, die sie bereits seit der Fachschulzeit kennt. Das ist nun 15 Jahre her. Die beiden Frauen haben dieselbe Ausbildung genossen und nehmen nahezu an den gleichen Weiterbildungen teil. Dennoch sind sie in ihrer erzieherischen Arbeit sehr unterschiedlich: Melanie ist eher bestimmend, Frauke die Geduld in Person. Melanie setzt besonders auf Kreativität, Frauke auf die Gesprächskultur in ihrer Gruppe. Frauke fühlt sich durch den Lärm der Kinder oft so beeinträchtigt, dass sie unter Stress gerät. Melanie stört der Lärm überhaupt nicht. Ihr schnürt sich aber der Hals zu, wenn die Leiterin des Kindergartens Vorschriften ohne Teamabstimmung macht. Das ist wiederum Frauke egal, denn sie findet, dass eine nun mal bestimmen muss.

Wie wir leben und arbeiten, was uns freut oder beeinträchtigt, ist sehr individuell. Es gibt dabei auch kein »richtig« und kein »falsch«, denn jede Landkarte stimmt auf ihre Weise. Das Bild setzt sich aus Erfahrungen, Werten und inneren Haltungen zusammen, die jeder Mensch für sich erklären und begründen kann.

> Es gibt nicht *den* einen gesunden Menschenverstand, der für alle gilt, sondern es gibt viele einzelne gesunde Menschenverstande.

117

Wir können unsere Landkarte jedoch gestalten. Der Blick über die eigenen Grenzen kann anregend sein. Wir entdecken in einem anderen Land dann etwas, das vielleicht nützlicher und hilfreicher ist als das, was wir in unserem Land die letzten Jahre gelebt haben. Überzeugungen können veraltet sein und uns behindern. (Lesen Sie dazu auch das Kapitel »Glaubenssätze«.) Wenn wir beginnen, alte Grenzen zu öffnen und eigene Regeln zu überdenken, dann verändert sich das Bild der eigenen Landkarte, und Gäste, mit ihren Regeln und Traditionen, sind willkommen.

In »Landkarten« zu denken und diese zu respektieren, wirkt sich auf das gesamte Leben aus. Sie werden merken, wie allein durch dieses Denken Entspannung in Ihr kollegiales Miteinander kommt, Sie aber auch Eltern mehr so lassen können, wie sie sind, und letztendlich auch Ihre Kinder mit neuen Augen sehen.

> Nadine und Olivia möchten ihre Gesprächskultur verbessern. »Wenn du normal mit mir sprichst, dann antworte ich auch normal!«, erklärt Olivia ihrer Kollegin. Leider sagt dieser Satz noch wenig aus. Was meint Olivia mit »normal«? Was wäre eine »bessere« Kommunikation? Sie merken, die Aussage »normal« bedeutet erst einmal nichts. Es ist eine leere Beschreibung, die wir füllen müssen.

Stellen Sie viele Fragen

Durch Fragen können Landkarten und die Wege, die zu einer Entscheidung führen, immer deutlicher werden. Es wird sichtbar, was ein Mensch möchte und was nicht. Was sichtbar ist, kann besprochen werden. Im gemeinsamen Austausch bekommen so nicht nur Sie und Ihre Kolleginnen, sondern auch Lösungen eine Chance. (Siehe auch S. 30 zum Thema »geschlossene« und »offene« Fragen.)

Fragen, die diesen Prozess unterstützen

- Erzählst du mir, warum du dich für diesen Weg entschieden hast?
- Darf ich dir erzählen, wie ich das sehe?
- Möchtest du, dass ich dir rückmelde, wie das bei mir ankommt?
- Wofür ist es gut?
- Können wir gemeinsam nach einem anderen Weg suchen?
- Welche Vorteile hat diese Entscheidung?
- Welche Erfahrungen hast du damit in der Vergangenheit bereits gemacht?
- Gibt es eine Geschichte zu dieser Wahl?
- Mich interessiert der gedankliche Weg zu deinem Standpunkt. Lässt du mich teilhaben?

Wenn jeder Mensch nach eigenen Gesetzmäßigkeiten agiert, dann erklärt sich der ganz individuelle Blick auf Konflikte. Jede Kollegin empfindet Spannungen anders und reagiert auf ihre Weise. Dadurch erklärt sich, dass Sie in einer Teamsitzung mit einer Kollegin heftig streiten, während andere die Achseln zucken oder gar leicht gelangweilt fragen: »Warum regt ihr euch denn so auf?«

»Aber siehst du denn nicht, was hier vorgeht?«, fragen Sie vielleicht entrüstet. Nein, Ihre Kolleginnen sehen erst einmal nichts und wenn, dann nicht dasselbe wie Sie. Sie müssen darüber sprechen, sich austauschen und Rückmeldungen auf Prozesse geben.

Feedback geben

Oft geben wir ein Feedback, eine Rückmeldung, aber diese kommt gar nicht so an, wie wir das wollten, oder wir fühlen uns selbst, wenn wir ein Feedback erhalten, nicht erfreut, sondern merkwürdig attackiert.

Echte und überlegte Feedbacks sind ein kostbares Geschenk und eine Bereicherung, denn die Rückmeldungen helfen uns oft, etwas

119

zu erkennen, was wir alleine nicht sehen. Das gilt auch im positiven Sinn! Oft erkennt man bei einem anderen Menschen eine Stärke oder gar ein Talent, das dieser alleine nicht bemerkt hätte.

> Der Begriff Feedback wird regelmäßig mit negativen Rückmeldungen verwechselt. Viele Menschen schrecken zusammen, wenn jemand sagt: »Darf ich dir mal ein Feedback geben?« Oje, ist oft der erste Gedanke, was ist denn nun schon wieder los? Ein Feedback kann aber auch ein Lob sein!

Dass viele Menschen so ungern ein Feedback bekommen, liegt auch daran, dass viele von uns noch nicht gelernt haben, Feedback nach den »Regeln der Kunst« zu geben.

Hier einige Hinweise, die Sie darin unterstützen möchten, Feedback auf gute Weise anzunehmen und zu verschenken (beachten Sie: schenken! Ein gutes Feedback ist eine Bereicherung, für die man sich bedanken sollte).

> **Wichtigste Regel**
> Ein Feedback gibt man nicht ungefragt oder ungebeten.

Die Feedback-Regeln

Echtes Feedback ist wohlmeinend, unterstützend, aufklärend, mitfühlend, hilfsbereit, niemals von oben herab und immer sachlich und neutral.

Wenn Sie ein Feedback geben möchten
- Erkundigen Sie sich, ob Ihr Gegenüber daran interessiert ist.
- Wählen Sie eine ruhige Minute dafür aus.

- Überlegen Sie genau, was Sie rückmelden möchten und über-prüfen Sie, ob es sich wirklich um ein Feedback handelt oder ob Sie etwa ein »Fiesback« geben möchten.
- Formulieren Sie Ihre Rückmeldung, ohne Vorhaltungen oder Vorwürfe zu verwenden.
- Stellen Sie lieber Fragen, die einen Hintergrund beleuchten.
- Bleiben Sie auf der Sachebene.
- Sprechen Sie in Ich-Botschaften, etwa: »Ich fühlte mich übergan-gen« und nicht »Du hast mich übergangen«. Noch besser: »Ich war frustriert, weil ich in Entscheidungen miteinbezogen wer-den möchte.«
- Erteilen Sie keine Anweisungen.
- Besprechen Sie ausführlich vor allem das, was Sie gut finden. Auf guten Rückmeldungen wächst gutes Verhalten!

Feedback entgegennehmen
- Sagen Sie nur dann Ja zu einem Feedback-Angebot, wenn Sie es auch wirklich hören wollen.
- Hören Sie aufmerksam zu.
- Vermeiden Sie Rechtfertigungen, auch wenn es Sie noch so zwickt.
- Verteidigen Sie sich nicht.
- Fragen Sie nach Beispielen, um besser zu verstehen.
- Suchen Sie nach Lösungen und Kompromissen.
- Bedanken Sie sich, besonders für positive Rückmeldungen und Anregungen!

»Fiesback«

Wann tut ein Feedback weh, sodass Menschen emotional reagieren? Immer dann, wenn es sich um ein »Fiesback« handelt.

»Fiesback« kommt äußerlich als Feedback daher, ist aber eher: (mal ordentlich) die Meinung sagen, jemandem was ins Gesicht schleudern, Ärger loswerden und Luft rauslassen. Es ist in der Regel besserwisserisch, von oben herab und meist alles andere als einfühlsam. Die Reaktion des Gegenübers ist oft Verletzung, Gekränktheit oder Rückzug.

Katharina kommt mit dem Vater eines Kindes nicht ins Gespräch.
»Er hört nicht zu und redet einfach über mich drüber.«
»Na, vielleicht liegt es an deinem tiefen Ausschnitt«, äußert sich dazu eine Teamkollegin. »Das Feedback wollte ich dir schon länger einmal geben!«
Nur dass dies kein Feedback war, sondern eine Grenzverletzung. Katharina hatte alle Mühe, ihre Tränen zu unterdrücken.

Frage
Wie hätte Katharinas Kollegin hilfreicher reagieren können?

_____

_____

_____

_____

Für mich ist in der Zusammenarbeit das Wörtchen »wohlwollend« eines der wichtigsten. Egal, ob Sie Rückmeldungen geben, eine Kollegin unterstützen möchten oder es um Vorschläge geht. Meine Kollegin Liz Howard verwendet dafür den schönen Satz: »Sag die Wahrheit mit Liebe!« Als Kolleginnen müssen Sie sich nicht lieben, aber achten und wertschätzen. Sie sollten interessiert daran sein, wie andere Menschen zu ihren Entscheidungen finden, und respektieren, dass das möglicherweise andere Wege sind, als Sie selbst bevorzugen. Wenn Sie dann alle, jede für sich, mehr nach dem Gemeinsamen suchen, nach dem, was schon glückte und damit ein guter Ansatz war, oder nach Kompromissen, die für alle akzeptabel sind, wird sich Ihre Zusammenarbeit verändern.

»Was ist schon gut und wie könnte es noch besser werden?« ist bei diesem Prozess eine unterstützende Frage. Was können Sie selbst einbringen und wie profitieren Sie von den Landkarten Ihrer Kolleginnen? Sie müssen einander nicht lieben. Aber Sie sollten wissen, was Sie an jeder einzelnen Kollegin schätzen. Und natürlich auch an sich selbst.

Richtig gut gelingt die gemeinsame Arbeit, wenn Aufgaben klar verteilt sind und diese Rollen immer wieder besprochen, reflektiert und erneuert werden. Viele Konflikte im Team entstehen durch Rollenunklarheiten. Deswegen habe ich diesem Thema das nächste Kapitel gewidmet.

»Che casino!« Wenn Rollen durcheinander gehen

In Italien benutzt man den Ausruf »Che casino!« wenn nichts mehr an seinem Platz steht und ein großes Durcheinander herrscht. Da Italiener Worte gerne körpersprachlich untermalen, können Sie sich zu diesem Ausruf nun einen Menschen vorstellen, der große Augen macht und die Hände verzweifelt über dem Kopf zusammenschlägt. »Che casino!« Was für ein Chaos!

Ein Durcheinander gibt es nicht nur in Wohnungen, Büros und Küchen, sondern manchmal auch, wenn es um berufliche Rollen und Aufgaben geht. Wenn man von außen auf Teams blickt, lässt sich das oft schnell erkennen. Alle arbeiten engagiert und fleißig, aber es ist schon lange nicht mehr klar, wer eigentlich für was zuständig ist. In diesem Kapitel geht es um:

- Ihre berufliche Rolle,
- die verschiedenen Aufgaben der Teammitglieder
- und was Rollenwirrwarr bewirkt.

Vorneweg: Wenn alle alles machen, steht sehr oft ein unterstützender Gedanke dahinter. »Wir sind doch ein Team«, erklärte mir Ute, eine junge Erzieherin. Ein Team arbeitet aber dann am besten, wenn Rollenklarheit besteht. Und die fängt bei der einzelnen Erzieherin an.

Das Leben ist von verschiedenen Rollen bestimmt

Selbst wenn wir es nicht wahrhaben wollen: Wir bewegen uns in vielen Rollen. Das heißt wir selbst oder andere Menschen haben bestimmte Erwartungen an uns und diese Erwartungen sind von Kontext zu Kontext unterschiedlich. Das gilt nicht nur für die Arbeit, sondern auch für das soziale Umfeld, sprich, für unser ganzes Leben. Selbst in der Kirche, in die Sie vielleicht nur zum Beten gehen, haben Sie eine Rolle. Die der Gläubigen, der Christin, der Zweiflerin, der Engagierten, was auch immer es bei Ihnen ist.

Soziale Rolle: Die Summe der Erwartungen, die Menschen an sich selbst oder andere Menschen formulieren. Damit verbunden sind Werte, Vorstellungen und Handlungen. Soziale Rollen sind mit dem sozialen System verknüpft, in dem sie angesiedelt sind. An eine Mutter in Deutschland werden andere Erwartungen gestellt als an eine in Indien oder China. Ja, selbst in Deutschland ist diese Erwartung unterschiedlich, betrachtet man sich verschiedene Stadtteile oder Regionen.
Berufliche Rolle: Die Summe der Erwartungen, die Sie an sich und Ihre Kolleginnen stellen. Aber auch die Erwartungen, welche die Eltern der Kinder an Sie richten.

Vielleicht sind Sie jetzt schon ins Nachdenken gekommen und fragen sich, wie Sie Ihre Rolle definieren würden, welche Vorstellungen Sie von einer Erzieherin haben, welche Werte und Erwartungen Sie damit verbinden und ob diese Erwartungshaltung nur für Sie gilt oder auch für Ihre Kolleginnen. Möglicherweise erkennen Sie sogar unterschiedliche Aufgaben und Erwartungen, die Sie tagtäglich managen müssen. Es kann auch sein, dass Sie ein wenig zögerlich reagieren. Wir leben Rollen, aber wir überprüfen sie nicht regelmäßig. Wenn das bei Ihnen der Fall ist, würde es genau an dieser Stelle Sinn machen, mit einer Rollenklärung zu beginnen. Man spricht in diesem Zusammenhang auch von Rollentransparenz. Ungeklärte Rollen bergen nämlich nicht nur ein großes Konfliktpotential in sich, sie zählen auch zu den Energiefressern Nr. 1.

Wie würden Sie sich selbst beschreiben?

Werfen Sie doch einmal einen Blick auf Ihren Tätigkeitsbereich. Welche Aufgaben haben Sie? Sind Sie Erzieherin, Erzieherin in Ausbildung oder Leiterin?

- Haben Sie eine zusätzliche Qualifikation, etwa in Montessori-Pädagogik oder eine im musischen Bereich?
- Interessieren Sie sich mehr und mehr für Kinder mit Verhaltensauffälligkeiten oder ist Ihr Fachgebiet die Resilienzforschung?
- Arbeiten Sie mit Kindern, die eine geistige oder körperliche Beeinträchtigung haben?
- Arbeiten Sie als Teilzeit- oder Ganztagskraft?
- Sind Sie schon lange in ein und derselben Einrichtung tätig, oder haben Sie häufiger Einrichtungen und damit auch Anforderungen gewechselt?
- Motivieren Sie Ihre Kolleginnen?
- Empfinden Sie sich oft als Antreiberin – vielleicht weil Sie den Kindergarten leiten?

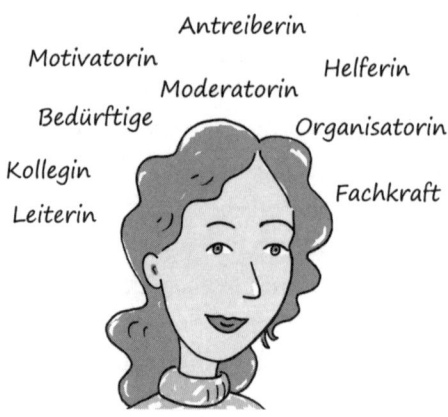

»Che casino!« Wenn Rollen durcheinander gehen

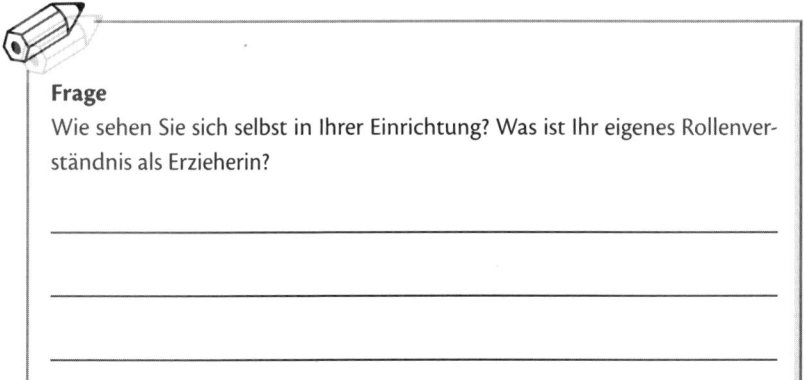

Frage

Wie sehen Sie sich selbst in Ihrer Einrichtung? Was ist Ihr eigenes Rollenverständnis als Erzieherin?

Rollenerwartungen hinterfragen

Dass Menschen oft mit ganz allgemeinen Rollenerwartungen auf uns zukommen, ist nicht zu umgehen. Eltern haben so z.B. ein Bild davon, wie eine Erzieherin zu sein hat – ungeachtet dessen, was *Sie* mit diesem Beruf verbinden. Im täglichen Sprachgebrauch drücken sich diese Erwartungen folgendermaßen aus:

- »Als Erzieherin muss man gerne mit Kindern spielen!«
- »Eine Erzieherin hat geduldig zu sein.«
- »Wer einen Kindergarten leitet, muss gute Elternarbeit machen.«
- »Erzieherinnen sind für Frühförderung zuständig.«
- »Eine Erzieherin muss Verhaltensauffälligkeiten sofort erkennen und Maßnahmen ergreifen.«

Sicher, das kann man alles so unterstreichen. Man könnte aber auch fragen: »Wieso?« oder »Wie kommen Sie darauf?«

> Ich selbst z.B. habe nie gerne mit Kindern gespielt. Für die Puppenecke bin ich komplett ungeeignet, und ich bin untalentiert, wenn es darum geht, mit einer kleinen Plastikfigur in der Hand »Grrrr!« zu knurren und dabei mit einer anderen Plastikfigur zu

kämpfen. Zu meinem Selbstverständnis als Erzieherin gehört gerne zu spielen nicht dazu. Ich mag das nicht. Aber ich bin super, wenn es um basteln, malen und Geschichten erfinden geht. Ich bringe kleinen und großen Menschen Bücher näher. Für meine Rolle als Erzieherin war das wichtig. Meine Kolleginnen machten Sport mit den Kindern, spielten, bauten Baumhäuser und Regale, und ich war für die Kinder- und Elternbücherei verantwortlich. Für die sinnvollen Buchtipps im Bilderbuch und Eltern-/Erziehungsratgeber. Alle wussten das. Es war klar – aber nicht durch Gedankenübertragung, sondern weil wir darüber in einer Teambesprechung verhandelt hatten. Ab diesem Zeitpunkt konnte ich mich gut zurückziehen, wenn ein Kind in mir eine Spielgefährtin suchte, und auf eine Kollegin verweisen. Wollte das Kind unbedingt mit mir spielen, dann konnte ich mit dem Kind Alternativen verhandeln oder eben doch mit ihm spielen, weil eine Rolle nichts Festgefahrenes ist und es gleichzeitig zu meinem Verständnis des Erzieherinnenbildes gehört, immer wieder die eigene Komfortzone zu verlassen, um wach und flexibel zu bleiben.

Frage
Können Sie erkennen, an welcher Stelle Ihres Rollenverständnisses als Erzieherin es Ihnen leicht fällt, flexibel zu sein? Wo können Sie über Ihren eigenen Schatten springen? Erkennen Sie auch Arbeitsbereiche, in denen für Sie Flexibilität schwierig ist oder gar unmöglich?

_____

_____

_____

_____

»Che casino!« Wenn Rollen durcheinander gehen

Manche Aspekte unseres beruflichen Selbstverständnisses sind verhandelbar und manche nicht, oder nur schwer. Es ist ein guter Schritt in die Klarheit, wenn Sie diese Punkte bei sich kennen. Mit dieser Klarheit werden sich auch Ihr Auftreten und Ihre Argumentation verändern, denn Sie haben dann wichtige Aspekte Ihres eigenen beruflichen Engagements durchdacht.

Egal ob Ihre berufliche Rolle bewusst, also klar, oder unbewusst und damit unklar ist, sie bestimmt Ihr berufliches Auftreten, Ihre Wirkung, Ihre Arbeit mit den Kindern und wie Sie den Eltern der Kinder gegenübertreten.

Rollenklarheit: sicheres, kompetentes Auftreten
Rollenunklarheit: eher unsicher, vage, nicht eindeutige Wirkung und damit die Annahme einer flachen Kompetenz

Solange für Sie selbst, Ihre Kolleginnen und die Eltern Ihre Aufgaben nicht transparent sind und Erwartungen nicht diskutiert werden, kann es immer wieder zu Kopfschütteln und heftigen Diskussionen kommen.

Letztendlich wird Ihr eigenes Rollenverständnis und ob Sie damit, wie Sie es umsetzen können, auch einverstanden sind, mit dafür ausschlaggebend sein, wie wohl Sie sich in Ihrem Beruf fühlen und wie die Zusammenarbeit mit Ihren Kolleginnen gelingt. Diese Zusammenarbeit ist wiederum davon geprägt, wie deutlich Ihre Kolleginnen die eigenen Rollen und Aufgaben durchblicken und welche Erwartungen sie an Sie haben. Viele Konflikte entstehen dadurch, dass Erwartungen nicht bekannt sind, nicht reflektiert werden oder Ihnen jemand eine Rolle unbewusst und stillschweigend »zuschiebt«.

Rollenerwartungen hinterfragen

Wer macht was warum?

Undefinierte Rollen und die damit verknüpften unausgesprochenen Erwartungen sind ein großer Nährboden für Unstimmigkeiten. Sie können ja einer Erwartung nur dann gerecht werden, wenn Sie diese kennen, erfüllen können und vor allen Dingen: erfüllen wollen. Rollen, die Sie nicht kennen, können Sie weder annehmen noch ablehnen. Sie wissen dann gar nicht, was man von Ihnen erwartet, sondern spüren vielleicht nur einen unterschwelligen Konflikt oder dass eine Erwartung im Raum schwebt.

Welche Möglichkeiten der Rollenklärung haben Sie?

- Welche Erwartung Ihre Einrichtung an Sie hat, können Sie beispielsweise in Ihrer Stellenbeschreibung nachlesen. (Aber Achtung: Eine vom Träger formulierte Stellenbeschreibung beispielsweise muss sich nicht unbedingt damit decken, welche Erwartungen die Leitung oder das Team an die neue Kollegin haben.)
- Was erwarten Sie von sich selbst in Ihrem Beruf?
- Vergleichen Sie das dann damit, was Sie sich von dem Rollenbild »Erzieherin« wünschen. Welche Übereinstimmungen und Abweichungen gibt es? Bestehen vielleicht überzogene Erwartungen? Oder erleben Sie eher Stimmigkeit?
- Ihre Rolle ist vielleicht in der Konzeption des Kindergartens aufgeschlüsselt.
- Sicher gibt es in Ihrem Team auch einen Plan, auf dem verschiedene Verantwortlichkeiten festgehalten sind.
- Sie können in einer Teambesprechung das Thema »Rollenklärung« vorschlagen.
- Eine Supervision ist dafür auch sehr gut geeignet.

Stellt sich eine Diskrepanz im Rollen-
verständnis heraus?

Erwarten Sie etwas anderes als Ihre Kolleginnen oder umgekehrt? Dann können Sie gemeinsam nach Lösungen und Alternativen suchen. Oder haben Sie für sich festgestellt, dass Ihnen Ihre Rolle so nicht oder nicht mehr gefällt? Was wollen Sie unternehmen, damit Sie wieder zufriedener werden?

- Aufgaben abgeben?
- Neue Verantwortlichkeiten annehmen?
- Bereiche umverteilen?
- Eine Weiterbildung buchen?
- Einen ganz neuen Schwerpunkt finden?
- Den Austausch mit einem anderen Team suchen?

Haben wir erst einmal festgestellt, dass eine Situation unbefriedigend ist, können wir etwas zur Lösung und Verbesserung beitragen. Das ist das Schöne an Klärungsprozessen: vom Unangenehmen über die Klärung zum angenehmen Arbeiten und Sein.

Ihre Position
- Was sind Ihre Aufgaben und Funktionen?
- Welche besonderen Talente setzen Sie ein?
- Was, glauben Sie, »erwarten« die anderen von Ihnen?
- Wofür tragen Sie Verantwortung? Wofür allein, wofür mit anderen gemeinsam?
- Wem sind Sie unterstellt, wem weisungsbefugt?
- Wo(mit) möchten Sie sich gern stärker einbringen?

Team
- Wer im Team trägt welche Verantwortung?
- Wer kümmert sich detailliert um was?
- Wer möchte sich eigentlich stärker in einem Bereich engagieren und seine Rolle dadurch erweitern?
- Wer hat wem gegenüber Weisungsbefugnis?

- Bei wem laufen welche Informationen ein und werden wie verteilt?
- Gibt es Überschneidungen bei Rollen?
- Welche Rollen wechseln und welche Verantwortungen bleiben gleich?

Die Erwartungshaltung der Eltern

Ganz klar, Eltern erwarten etwas von Ihnen. Ich bekam mich neulich mit meiner Freundin Klara fast in die Wolle, weil meine Erwartung an Erzieherinnen ist, dass sie die Eltern darüber informieren, ob das Team sich gegen die Schweinegrippe impfen lässt oder nicht. »Ich als Mutter wollte das wissen!«, argumentierte ich. Klara sah das anders. Sie fand, dass die Viren überall sind, auch bei den Kindern selbst. Ich wiederum hielt an dem Standpunkt fest, dass es zu meiner Erwartung an Professionalität zählt, dass mich der Kindergarten von sich aus über die Handhabung eines solchen Themas informiert. Ich kann Ihnen sagen, die Luft kochte zwischen uns. Was steht aber über allem? Unterschiedliche Ausgangspunkte und Erwartungen. So viele Eltern Sie haben, mit so vielen Erwartungen haben Sie es zu tun. Und dann kommen noch so ein paar besserwisserische Tanten wie ich dazu, die von hinten über die Eltern agieren.

Es hilft nur eins: ein Gespräch. Erst wenn Sie mit den Eltern immer wieder, einzeln und beim Elternabend, darüber sprechen, können Sie herausfinden, was diese von Ihnen erwarten. Sehen diese in Ihnen die »Behüterin« oder eine »erste Lehrerin«, »Psychologin« oder einen »Personal Coach« des Kindes?

Die Eltern sind Ihre Kunden. Erst wenn Sie wissen, was die Eltern sich wünschen, können Sie reagieren. Entweder Sie nicken oder Sie müssen ablehnen.

»Ich kann Ihren Wunsch verstehen«, könnte Ihre Reaktion dann sein. »Aber ich kann Ihre Erwartung leider nicht erfüllen. Ich sehe meine Aufgabe im Kindergarten folgendermaßen ...«

Jetzt ist ein Gespräch möglich oder eine Art Verhandlung und damit verbunden die Suche nach möglichen Alternativen. Als Dienstleisterin, die Sie ja auch sind, können Sie den Eltern vielleicht weiterhelfen, wenn Sie selbst die Erwartung zwar nicht erfüllen können, der Wunsch jedoch sehr sinnvoll ist, wie etwa bei einer intensiven musischen Förderung. »Ich kann Ihrem Kind nicht das Geigenspiel beibringen, aber ich kann Sie darin unterstützen, einen guten Geigenlehrer zu finden.«

Unhinterfragte Rollen klären

»Wie bitte? Was soll ich machen?«

Oft genug hat man sogar Aufgaben, von denen man gar nichts weiß. Meist erfährt man ganz nebenbei, dass es da etwas gibt, das (angeblich) in den eigenen Bereich fällt, beispielsweise durch eine Kollegin, die zu einer Mutter sagt:

»Gehen Sie mal vor, zu Frau XY, die ist bei uns für diese Frage zuständig.«

Aha. Ist das so?

Und: Haben Sie das gewusst?

Viele Menschen, nicht nur im pädagogischen, sondern auch in anderen Berufsfeldern, haben angeblich bestimmte Aufgaben oder Verantwortungen, nur: Sie wissen gar nichts davon. Vielleicht war es in dieser Einrichtung schon immer so, dass die Kollegin der Gruppe auch für die Organisation des Weihnachtsbasars zuständig war oder man ging einfach davon aus, diese Tätigkeit sei Ihre besondere Fähigkeit oder Ihr Hobby und warum sollten Sie sich dann eigentlich nicht förmlich darum reißen …?

Undefinierte Rollen oder unausgesprochene Erwartungen erkennt man in Zuschreibungen und Gesprächsfetzen wie:

»Ich dachte, du machst das …«

»Ich? Wieso denn ich?«

»Na, weil es dein Job ist!«

133

»Mein Job? Wie kommst du denn darauf?«

»Das war doch schon immer so!«

»Nein, das war nie so.«

»Und wer soll das dann machen, wenn nicht du?«

»Na hör mal, das weiß ich doch nicht.«

Nun wird es spannend. Wo keine Rollen definiert sind oder seit längerer Zeit nicht mehr gemeinsam betrachtet und diskutiert wurden, ist der Fantasie Tür und Tor geöffnet. Jede kann nun von jeder etwas erwarten und sich entrüsten, wenn eine etwas nicht sieht oder nicht tut. Ein wunderbarer Nährboden für Missverständnisse und Konflikte!

> Sabine fühlt sich ausgenutzt, weil immer nur sie in der Kindergartenküche für Ordnung sorgt. Ihre Kolleginnen stellen Teller, Becher und Gläser einfach ab. »Ich bin doch hier nicht zusätzlich als Küchenfee angestellt!«, platzt es in einer Teambesprechung wütend aus ihr heraus. Die anderen Kolleginnen blicken sich betroffen an. Von diesem Zusatzjob gingen sie aber offen gestanden aus. Schließlich macht Sabine diesen Job doch schon seit Jahren! Sie hat die Küche ausgesucht und eingerichtet. Wenn es an Töpfen, Kannen oder Tellern mangelt, dann laufen diese Einkäufe über Sabine. Räumt eine Kollegin einen Schrank falsch ein, wird Sabine sie zur Ordnung rufen. Und überhaupt, was soll denn dieses Murren jetzt! Sie will das doch so. »Jeder hat hier seine Verantwortung«, sagt die Leitung. »Du hast den Küchenbereich, wie Elke die Expertin für Frühförderung ist.« Nicht nur Sabine, auch Elke zuckt bei diesen Worten erschrocken zusammen. Sie interessiert sich zwar für Frühförderung, aber als Expertin würde sie sich noch lange nicht beschreiben!

Fähigkeiten und Aufgabenfelder über Jahre ungeprüft bestimmten

Personen zuzuordnen, macht ein System starr. Junge Erzieherinnen haben dann z.B. kaum eine Chance, auch ihre Kompetenzen unter Beweis zu stellen, weil es immer schon eine Erzieherin gab, deren erklärtes Fachgebiet das war. Das muss nun nicht, wie in Sabines Fall, die Küche sein. Wie steht es mit Öffentlichkeitsarbeit, Kontakt zu Sponsoren, Elternarbeit usw.? Oft liegen diese Bereiche fest in einer Hand und damit haben andere Erzieherinnen keine Chance sich ebenfalls zu erproben und zu beweisen. Oder es kann Ihnen ergehen wie bei dem alten Brötchenwitz.

Die Brötchenhälftengeschichte
Ein Paar feierte nach langen Ehejahren seine Goldene Hochzeit. Beim gemeinsamen Frühstück dachte die Frau: »Seit fünfzig Jahren nehme ich nun auf meinen Mann Rücksicht und habe ihm immer das knusprige Oberteil des Brötchens gegeben. Heute will ich es mir endlich einmal gönnen.« Sie schmierte sich die obere Hälfte des Brötchens und gab das andere Teil ihrem Mann. Entgegen ihrer Erwartung war dieser hocherfreut, küsste ihre Hand und sagte: »Schatz, du machst mir eine Riesenfreude. Über fünfzig Jahre habe ich die untere Hälfte nicht mehr gegessen, die ich vom Brötchen am allerliebsten mag. Ich dachte immer, du solltest es haben, weil es dir so gut schmeckt.«

Ungeklärte und unhinterfragte Rollen hemmen nicht nur Talente, sie unterbinden auch wirkliche Teamentwicklung. Aufgaben werden dann nicht regelmäßig besprochen und damit nicht immer wieder neu durchdacht. Zudem kann Rollenunklarheit zu handfesten Konflikten führen.

In einem Kindergarten, der mich bereits mit Supervision beauftragt hatte, kam es zu einem angeblichen Mobbingfall. Eine der Erzieherinnen wurde beschuldigt, Praktikantinnen und junge Erzieherinnen zu drangsalieren und ihnen in unverschämtem Ton Anweisungen zu geben. Sie forderte auf, wenn es darum ging, die Küche sauber zu machen, mischte sich in Elterngespräche ein und markierte mit Rotstift Fehler in den Berichten. Das Verhalten dieser Erzieherin wurde besonders von einer jüngeren Kollegin als derart übergriffig empfunden, dass diese Weinkrämpfe bekam und die Einrichtung verlassen wollte.

Als ich mit der älteren Erzieherin sprach, wollte ich zuerst wissen, für welche Aufgaben sie tatsächlich zuständig war und für welche sie sich zuständig fühlte. Sehr bald stellte sich heraus, dass die Erzieherin gar nicht mehr genau wusste, welche allgemeinen Aufgaben sie hatte und ob es so etwas wie Schwerpunkte gab. Da sie die Dienstälteste war, agierte sie einfach drauf los, fühlte sich für alles zuständig und mischte sich aus dieser Haltung heraus in die Arbeitsbereiche aller Kolleginnen ein. Sie wollte es gut machen und engagiert den Überblick bewahren, was sie überforderte und stresste. Die älteren Kolleginnen im Team konnten sich dagegen wehren, die jungen aber noch nicht.

Für die Leiterin des Kindergartens war es eine große Überraschung, dass es hier nicht um Mobbing oder eine Abmahnung ging, sondern um Rollenklärung, Dienstpläne und Verantwortlichkeiten. Das Team setzt sich seitdem häufiger zusammen, die Rollen und Aufgaben werden besprochen und verteilt. So kehrte wieder Ruhe in das Team ein.

Ein Problem durch Rollenunklarheit bricht häufig zu einer ungünstigen Zeit des Miteinanders auf. Oft kommt es dann zu Entrüstung, Vorwürfen und Missverständnissen, die auf den ersten Blick wenig mit Rollen zu tun haben. Bei jeglicher Art von Konflikten lohnt es sich aber, sie unter dem Aspekt der Rollenklarheit zu beleuchten.

Die besondere Rolle: Leitungskraft

Im Coaching kristallisiert sich häufig heraus, dass selbst Leitungskräfte nicht wirklich wissen, welche Aufgaben ihre Rolle genau beinhaltet. Beförderungen »passieren« oder werden angeboten und die Frau, die eben noch Erzieherin im Team war, soll nun ihre Kolleginnen »führen«. Ein Rollenwechsel hat damit stattgefunden und das manchmal nur partiell, da nicht selten die Leitungsfunktion noch zusätzlich zur Funktion als Erzieherin im Gruppendienst hinzutritt.

Wenn Sie eine leitende Funktion haben und gleichzeitig im Gruppendienst tätig sind, sollten Sie die unterschiedlichen Aufgaben sauber definieren und voneinander trennen.
- Wann sind Sie Leiterin und Vorgesetzte?
- Wann sind Sie Kollegin?
- Wann die Freundin?

In Teambesprechungen und darüber hinaus ist es für Ihre Kolleginnen hilfreich, wenn Sie klar formulieren, aus welcher Sicht Sie gerade sprechen.

»In meiner Funktion als Leitung ist es mir wichtig zu sagen ...«

»Als Erzieherin kann ich verstehen, dass ... Aber als Leitung muss ich ...«

»Wenn ich aus der Sicht der Erzieherin und Kollegin jetzt spreche, dann fällt mir dazu ein ...«

Wünschenswerterweise sollte jede Erzieherin und jede Leitungskraft ein Mal pro Jahr mit ihrer oder ihrem Vorgesetzten ihre Rolle und ihre Aufgaben besprechen. Mitarbeitergespräche sind ein sehr gutes Instrument, um berufliche Standorte zu betrachten, Weiterentwicklungen zu planen und schwelende Ängste und Konflikte rechtzeitig zu erkennen. Mitarbeitergespräche würdigen zudem die Arbeitskraft und es gehört zur Führungsverantwortung, diese Gespräche zu planen. Als Mitarbeiterin sind Jahresgespräche eine hervorragende Möglichkeit die eigene Rolle zu klären, zu erweitern und zu verändern.

Diese Fragen helfen Ihnen, Ihr Jahresgespräch vorzubereiten

- Wie erging es mir in den letzten zwölf Monaten in meinem Bereich?
- Worin fühle ich mich stark?
- Worin benötige ich Unterstützung?
- Welche Qualifizierung oder Weiterbildung wünsche ich mir?
- Wo will ich in einem Jahr stehen?
- Was erleichtert oder erschwert meine Kommunikation – auch mit meiner Führungskraft?

Ihr eigenes »Entwicklungsbuch«

In vielen Kindergärten gibt es Entwicklungsbücher über jedes Kind. In luxemburgischen Kindergärten sind diese Entwicklungsbücher regelrechte kleine Kunstwerke, die ein Kind das ganze Leben begleiten werden.

Gibt es solch ein Entwicklungsbuch von Ihnen? Wäre doch schön, immer mal wieder nachschlagen zu können, was man alles schon geleistet hat und wie sich die berufliche Rolle im Laufe der Zeit verändert und durch neue Talente erweitert. Obenan vielleicht eine Kurzvita, wie Sie sich als Erzieherin beschreiben.

Meine Kurzvita
Ich arbeite seit ...

_____

_____

_____

Meine Schwerpunkte sind ...

_____

_____

_____

Ich möchte mich weiterbilden in ...

_____

_____

_____

Meine berufliche Leidenschaft ist ...

_____

_____

_____

Mit diesem Wissen um Ihre eigenen Aufgaben und Ihr Können werden Sie ab jetzt ohne großes Nachdenken parieren können, wenn Sie jemand fragt: »Was machen Sie hier eigentlich?«

Schlechte Stimmung? Vom guten Umgang mit Konflikten

Wir brauchen Konflikte!

Konflikte, unterschiedliche Standpunkte, Meinungen und Sichtweisen gehören zum Alltag. Nicht nur beruflich, sondern auch privat. Wenn es zu einem Konflikt kommt, dann wird ganz klar erkennbar, dass es nicht nur einen Blick auf eine Situation gibt, sondern mehrere. Diese verschiedenen Ansichten können Sie als Bedrohung oder als Bereicherung erleben. Auch bei Konflikten gibt es das halbleere oder halbvolle Glas. Die gute Seite bei diesen anstrengenden Reibereien ist: Konflikte sind ein Merkmal dafür, dass eine Einrichtung, ein Team »lebt«. Das heißt, es entwickelt sich weiter und stagniert nicht, denn im Konfliktfall tauschen sich Menschen aus und rangeln um Standpunkte und verschiedene Positionen.

Jede Person, die an einem Konflikt beteiligt ist, hat einen ganz individuellen Blick auf das Geschehen, und jede empfindet die daraus resultierenden Spannungen anders. Dadurch erklärt sich, warum Sie in einer Teamsitzung mit einer Kollegin heftig streiten, während andere die Achseln zucken oder gar leicht gelangweilt fragen: »Warum regt ihr euch denn so auf?«

Frage

Wie erging es Ihnen beim letzten beruflichen Konflikt? Können Sie sich noch an den Auslöser, das Gefühl erinnern, das Sie hatten? Wie haben Sie es geschafft, den Konflikt zu lösen? Ist etwas von diesem Lösungsweg auf die Lösung anderer Konflikte übertragbar? Gibt es eine gute Erfahrung, die für Sie der Gewinn des Konfliktes war?

_____

_____

_____

_____

_____

Typische Konflikte in pädagogischen Teams entstehen durch

- ungerechte/unklare Verteilung der Arbeit
- Ausfälle durch Krankheit (oft ein unterschwelliger Konflikt)
- Anforderungen des Trägers, der Leitung
- veränderte Arbeitsbedingungen, wie Änderung der Öffnungszeiten
- Antipathien einer Kollegin gegenüber
- sich nicht ernst genommen fühlen
- demografischer Wandel, ältere/junge Erzieherinnen
- Erwartungen der Eltern
- sowie das Problem, die Eltern als Kunden behandeln zu müssen

Wir brauchen Konflikte!

Konflikte können ein Motor für die Weiterentwicklung und Veränderung nicht nur eines Menschen sein, sondern für alle, die an der »Betriebsstörung« beteiligt sind.

Das Wort »Konflikt«, aus dem Lateinischen abgeleitet, bedeutet so viel wie »Zusammenstoß«, also ein kurzer Ruck. Die Realität gestaltet sich meist heftiger und langwieriger.

Wenn wir Konflikte mit anderen austragen, bedeutet dies nicht nur die Auseinandersetzung um eine Sache, eine Angelegenheit oder einen Vorgang. In der Regel fühlen wir uns auch oft selbst betroffen. Diese Betroffenheit drückt sich zumeist in Gefühlen aus und die sind wieder höchst individuell. Bedrücktheit, Traurigkeit oder Wut werden von jedem Menschen anders empfunden. Das, was Sie in der Folge zurückhaltend macht, kann einem anderen Menschen Ansporn sein.

Was hinter einem Konflikt stehen kann

Wir sind alle so verschieden, aber oft genug wollen wir das nicht wahrhaben. Erlauben wir uns das Wissen, dass wir nichts oder nur wenig vom anderen wissen?

Selbst die Kinder unserer Gruppe, deren Eltern und auch unsere langjährigen Kolleginnen bleiben uns zu einem Teil auf immer fremd. Erinnern Sie sich noch an das Bild von den »Landkarten« aus dem Kapitel über Teams?

Tritt ein Konflikt auf, so ist an der Oberfläche meist nur ein Teil dessen sichtbar, worum es eigentlich geht. Es gibt eine Ausgangssituation, einen Auslöser, aber das ist nur die Spitze des Eisbergs. Unter dem Wasserspiegel finden sich viele andere Aspekte, die zur aktuellen Lage beitragen.

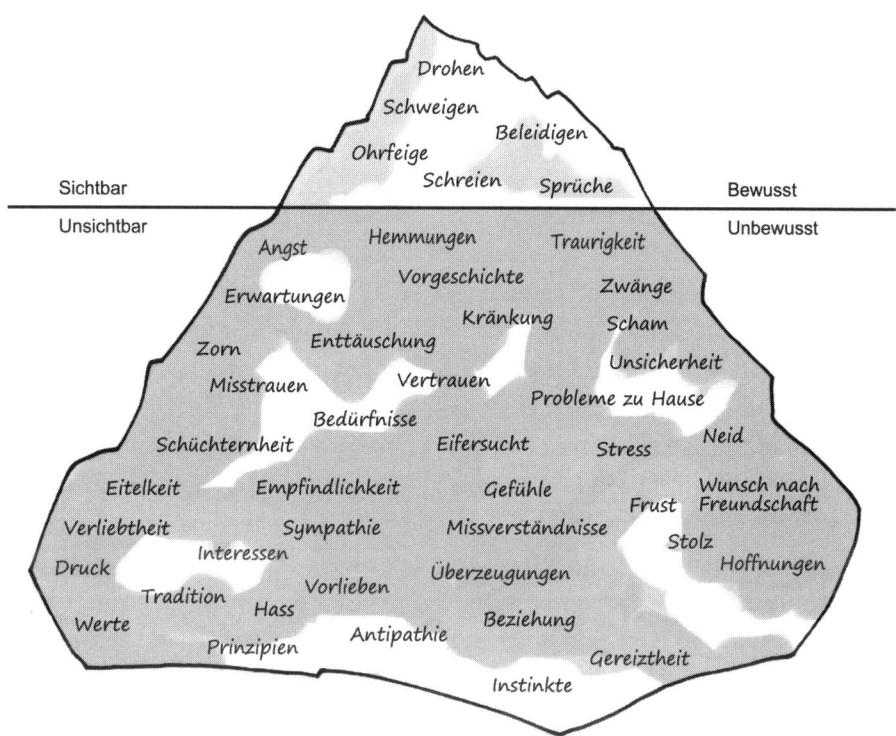

In einen Konflikt kann vieles mit hineinspielen, was vielleicht wenig oder gar nichts mit der akuten Situation zu tun hat. Das Bild oben zeigt, wie unterschiedlich und vielfältig die Aspekte sein können, die unser Gegenüber ebenso wie uns selbst aus der Tiefe heraus beeinflussen.

Manchmal kann allein die Erkenntnis, dass wir alle einen riesigen »unsichtbaren Eisberg« mit uns durch die Welt schieben, dazu beitragen, dass wir mit etwas mehr Gelassenheit, Humor und Mitgefühl für alle Beteiligten auf eine spannungsreiche Situation schauen.

Was hinter einem Konflikt stehen kann

Konflikte mal aus einer anderen
Perspektive gesehen

Als Erzieherin, ich will es mal salopp ausdrücken, schmoren Sie mit Ihren Kolleginnen ein wenig im eigenen Saft, kann das sein? Ich kenne viele Teams, in denen manche Kolleginnen schon seit Jahrzehnten zusammenarbeiten. Einerseits kennt man sich, andererseits ist es ein wenig so wie mit der Familie: Gelegentlich wäre man sich auch gerne mal wieder »los«. Die Strukturen sind eingefahren, neue Kolleginnen bringen »Unruhe« mit, vielleicht sogar Besserwisserei.

Besonders Frauen suchen eher den Gleichklang, das Miteinander und die Harmonie, weil das Streben nach Gemeinsamkeiten und Kooperation in unserer Frauengeschichte verankert ist und so seit den Anfängen unserer Art zum Überleben der menschlichen Rasse beigetragen hat. Männer können Disharmonie oft sehr viel besser aushalten (und Ausnahmen bestätigen auch hier die Regel). Wer hat das nicht schon einmal in einer Beziehung erlebt, dass der Partner nach einem Streit sich schnell und scheinbar unbelastet anderen Aufgaben zuwendet, während man selbst, als Frau, noch über den Vorwürfen und Streitpunkten kocht und brütet? Ich glaube, dass weder das eine noch das andere sehr hilfreich ist. Konflikte müssen bearbeitet werden und das kann auch mit Leichtigkeit geschehen.

Durch den Mangel an männlichen Erziehern werden Konflikte in Kitas meist »weiblich« gelöst, also oft nach gleichen Mustern. Es mangelt an frischem Wind, Herausforderungen und zuweilen auch an unbequemen Zeiten, wie man sie im Arbeitsteam mit Männern erlebt. Nun können Sie sich weder einen männlichen Kollegen basteln noch einen kidnappen, aber es bleibt dennoch die Frage: Wie können Sie die männliche Sicht und neue Herausforderungen in Ihre Arbeit und persönliche Weiterentwicklung integrieren? In einem Interview mit Rainer, 50 Jahre, einem früheren Kollegen im Heimbereich, der heute als Erzieher im Kindergarten tätig ist, wird sichtbar, von welchen »männlicheren« Herangehensweisen sich Erzieherinnen anregen lassen könnten.

Interview

Rainer: »Je kleiner die Kinder, desto weniger arbeiten Männer mit ihnen. Ich werde also gebraucht!« (lacht)

Christine: »Wie ist die Zusammenarbeit mit deinen Kolleginnen? Siehst du Unterschiede?«

Rainer: »Frauen müssen alles intensiver ausdiskutieren. Mir ist das manchmal zu viel. Ich würde das dann gerne abkürzen, zügiger abwickeln. Mir ist die Zeit dann zu schade, um noch mal um das Problem zu kreisen. Aber sicher hat es auch Vorteile, nicht immer so männlich schnell zu sein, sondern sich die Dinge von allen Seiten zu betrachten. Aber an sich ist unsere Kommunikation sehr gut. Wie unterstützen uns gegenseitig.«

Christine: »Merkst du einen Unterschied zu deinen Kolleginnen in Bezug auf die Eltern?«

Rainer: »Ja, die Väter kommen gerne auf mich zu. Die suchen das Gespräch von Mann zu Mann.«

Christine: »Und bei den Kindern?«

Rainer: »Die Jungs kommen auch eher zu mir. Die suchen das Reibende, wollen kämpfen, mit mir toben. Die Mädchen suchen das auch gelegentlich.«

Christine: »Raufen deine Kolleginnen auch mit den Kindern?«

Rainer: »Nein, eher nicht. Obwohl ich diese Körperlichkeit sehr wichtig finde. Beim Raufen kommt man mit den Kindern wirklich noch mal neu in Kontakt. Da verändert sich etwas, kommt in Bewegung. Nicht nur bei den Kindern, auch mir ist das ganz wichtig. Ich finde, Erzieher, egal ob Männer oder Frauen, die nicht raufen, verpassen was.«

Christine: »Fällt dir noch ein Unterschied ein?«

Rainer: »Ja. Manchmal braucht es eine maskuline Herangehensweise. Ein: ›So wird's jetzt gemacht. Fertig aus.‹ Es braucht auch die weibliche, einfühlsame, aber die ist ja in Kindergärten und Grundschulen meist eh schon überrepräsentiert.«

Christine: »Hast du dir einen männlichen Bereich im Kindergarten ausgewählt?«

145

Rainer: »Ich arbeite in der Holzwerkstatt, aber das machen Frauen auch. Ein weiterer Schwerpunkt ist das Angebot naturwissenschaftlicher Experimente. Das ist sehr spannend.«

Christine: »Was findest du an deiner Arbeit anstrengend?«

Rainer: »Die Lautstärke und die ständige Verfügbarkeit.«

Christine: »Wie sehen deine Perspektiven aus?«

Rainer: »Es gibt kaum welche. Ich möchte in keine Leitungsfunktion und der Tariflohn ist jetzt schon ausgereizt. Die momentane Situation ist auch so, dass viele Erzieher auf ihren Stellen bleiben, weil ein Wechsel nur finanzielle Verschlechterungen mit sich bringt. Ich weiß nicht, wie es bei mir weitergeht. Mit 65 Jahren noch immer Erzieher im Kindergarten?«

Christine: »Was hält dich?«

Rainer: »Na, entweder ist der Leidensdruck noch nicht groß genug, oder ich hab den Beruf einfach zu gern. Vermutlich ist es Letzteres.« (lacht)

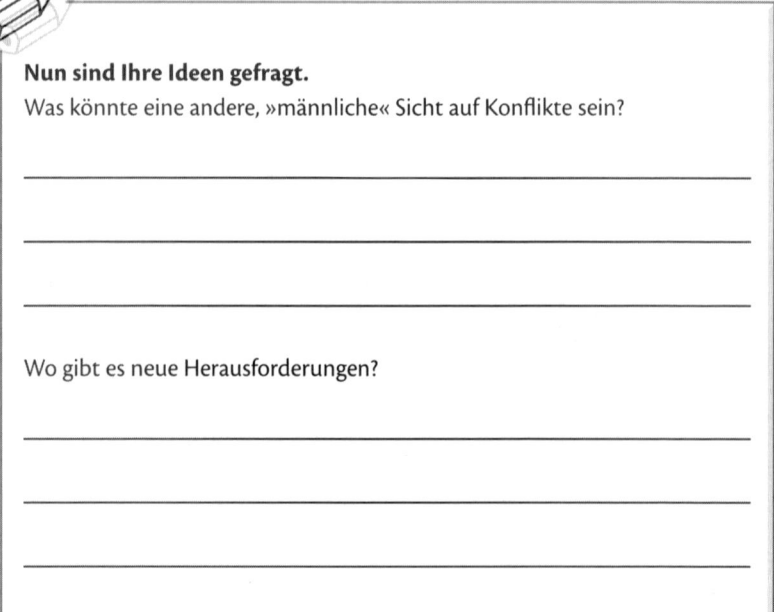

Nun sind Ihre Ideen gefragt.
Was könnte eine andere, »männliche« Sicht auf Konflikte sein?

_____

_____

_____

Wo gibt es neue Herausforderungen?

_____

_____

_____

Ich selbst habe immer sehr viel von Weiterbildungen profitiert und dann darauf geachtet, dass die Teilnehmergruppen (wenn möglich) hälftig aus Männern und Frauen bestanden. In der Weiterbildung bekomme ich einerseits eine gehörige Prise frischen Wind um die Nase und kann andererseits auch einmal von der männlichen Sicht auf Konflikte und Situationen profitieren.

Es geht nicht darum, es »männlich zu machen«, sondern um neue Sichtweisen und Perspektiven, die alte Strukturen und eingefahrene Grundmuster inspirieren können.

Schubladendenken: »Ich weiß schon, wie du bist!«

Wenn wir bereits beschreiben können, wie ein Mensch ist, ohne dass er bislang viel gesagt hat, ist er in einer unserer inneren Schubladen gelandet. Tatsächlich sind Schubladen zunächst wichtig, um sich von einer Situation ein Bild zu machen. Ist die Schublade aber tendenziell negativ und damit unflexibel, hat Ihre Kollegin in Konflikten kaum mehr eine Chance.

Verschlossene Schubladen erkennt man an Sätzen wie:

- »Sie wird es sowieso nicht verstehen.«
- »Den brauchst du gar nicht zu fragen, der kennt sich nur da aus, wo er will.«
- »Die ist so, die bleibt so, die wird immer so bleiben.«
- »Ich hab schon oft versucht, ihr was zu sagen, aber sie ändert sich nicht.«
- »Montags ist sie sowieso mies drauf. Danach kannst du den Kalender stellen.«

Übrigens: Nicht nur einzelne Kolleginnen, auch ganze Kindergartengruppen kann man in Schubladen pressen. Dann ist eine Gruppe »immer laut« und eine andere »sehr kreativ« und mit der nächsten »ist nichts anzufangen«.

147

Ist man in einer Schublade gelandet, fühlt man sich schnell beengt. Stefanie beschreibt das so: »Es kam mir so vor, als wäre ich wie angebunden. Ich wünschte mir nur noch, dass mich endlich mal jemand fragt, ob ich mich auch so sehe, wie meine Kollegin mich beschrieben hat.«

Fragen helfen uns, andere Menschen deutlicher wahrzunehmen und sie in ihren Handlungen zu verstehen. Fragen signalisieren Interesse. Dadurch kann sichtbar werden, was die Kollegin sich wünscht oder was sie bedrückt. Bloße Vermutungen werden so mit Realität unterfüttert. Was sichtbar ist, kann besprochen werden – so bekommen nicht nur die Kolleginnen, sondern auch Lösungen eine Chance. Sie haben darüber ja bereits schon einiges im Kapitel über Zusammenarbeit im Team erfahren.

Was hilft bei einem Konflikt?

Es gibt viele erprobte und sehr hilfreiche Tools, die Teams in der Weiterentwicklung und Konfliktlösung unterstützen und die gleichzeitig für Sie selbst eine persönliche Bereicherung sein werden. Wenn Sie eine Lösung finden, dann wird diese nie allein nur für Ihre Arbeit als Erzieherin hilfreich sein, sondern Sie werden sie auch in persönlichen Kontexten verwenden. Insofern ist gerade das Lösen von Konflikten ganzheitlich wirksam und sehr wertvoll.

1.) Worum geht es genau?
Und was genau können Sie verbessern?

Je differenzierter und sachlicher Sie bei einem Konflikt werden, desto hilfreicher ist es für die Lösung. Folgen Sie bloß einer Stimmung, einem Gefühl oder können Sie einen ganz konkreten Fall benennen? »Konkret« bedeutet, dass Sie nachprüfbare Fakten ansprechen.

Schon von der ersten Formulierung kann abhängen, ob sich ein Problem relativ schnell beheben lässt oder ob ein Streit vom Zaun bricht. Sicher hören Sie den Unterschied selbst:

»Mann, warum achtet niemand außer mir auf solche Dinge? Immer lasst ihr die Tür auf!«

oder:

»Als ich um 11 Uhr an die Eingangstür ging, war sie nicht verschlossen.«

Verallgemeinerungen provozieren Rechtfertigungen und Gegenangriffe. Zu einer sachlichen Lösung (»Wie wollen wir in Zukunft sicherstellen, dass die Tür verschlossen ist?«) kommen Sie leichter, wenn Sie sich an schlichte Tatsachen ohne weitere »Ausschmückungen« halten.

Hier ein Beispiel, wie eine lösungsorientierte Gesprächsführung aussehen könnte, bei der die Kollegin wohlwollend miteinbezogen ist.

»In letzter Zeit arbeiten wir nicht mehr so reibungslos miteinander. Empfindest du das auch so? (Antwort abwarten) Ich würde gerne wieder an die Zeiten anknüpfen, in denen wir Hand in Hand gearbeitet haben. Wie wäre das für dich? (Antwort abwarten) Was haben wir damals besser gemacht als heute? (Liste erstellen) Gibt es etwas, das auch eine Lösung sein könnte? Wie wollen wir dafür sorgen, dass wir zukünftig nicht aneinander vorbeiarbeiten, sondern miteinander? Wie können wir Störungen benennen und wann ist dafür der beste Zeitpunkt? (Regelmäßige Teamsitzungen?)«

149

2.) Üben Sie den Perspektivenwechsel

Wie sieht Ihre Kollegin den Konflikt? Welche Gründe könnte sie anbringen? Denken Sie sich diesmal in andere Köpfe und versuchen Sie zu formulieren, was darin vorgehen könnte und welche Argumente Ihre Kollegin vorbringen würde, wäre sie jetzt gefragt. Möglicherweise können Sie sogar etwas spüren. Wir interpretieren oft, dass unser Gegenüber in einem Konflikt stark, sicher und unnahbar ist. Spüren wir dann hin, so fühlen wir, dass auch Kollegen nur Menschen sind, die Unsicherheiten und Ängste haben.

3.) Erzählen Sie von sich

In der Fachliteratur finden Sie viel über Ich-Botschaften. Diese sind in der Tat gerade bei einem Konflikt sehr hilfreich. Wenn Sie etwas sagen möchten, dann vermeiden Sie Schuldzuweisungen, sondern erzählen Sie von sich.

»Ich habe den Eindruck ...«

»Bei mir taucht dann das Gefühl auf ...«

»Mir ist wichtig ...«

»Für mich ist in diesem Punkt entscheidend ...«

4.) Nehmen Sie sich die Zeit, die Sie brauchen

Es kann sein, dass Sie noch mal nachdenken müssen. Etwas in Ihnen wird Ihnen signalisieren, wenn es für Sie für ein Fazit noch zu früh ist. Das verfrühte »Beenden« eines Konfliktes (»Ja, schon in Ordnung, wir können es auch dabei belassen«) kann einen neuen provozieren. Etwas brodelt dann weiter und nach kurzer Zeit fängt man schon wieder damit an. »Ich dachte, es wäre gut!«, sagt unsere Kollegin dann vorwurfsvoll. Nein, es war eben noch nicht gut und der vorwurfsvolle Blick bringt Sie jetzt vermutlich erneut auf die Palme. Sie können diese Situationen vermeiden und Ihre eigenen Nerven schonen, wenn Sie sich gleich noch etwas Zeit ausbedingen. »Bitte lass mich noch eine Nacht drüber schlafen. Können wir morgen den

Faden aufgreifen? Ich habe das Gefühl, dass ich vorab noch etwas für mich klären will, was für die Lösung hilfreich ist.«

5.) Nörgeln Sie nicht an Ihren Kolleginnen herum

Wenn es etwas gibt, das Sie stört, dann bleiben Sie sachlich und am Thema. Nörgeleien sind oft persönlich. Etwas »gefällt« uns nicht am anderen. Wir können aber die Struktur unseres Gegenübers nicht verändern und entsprechende Versuche wirken eher übergriffig als unterstützend. Fremdes Verhalten liegt nicht in unserer Macht. Was wir jedoch können, ist

- an unserer eigenen Haltung arbeiten
- unsere Kommunikation schulen
- herausfinden, wie wir für uns sorgen können

Das hilft, damit wir nicht unter (eigenen oder fremden) Druck geraten.

Je öfter und kollegialer Sie Missstimmungen im Team ansprechen, desto mehr Selbstsicherheit ist für Sie drin. Sie stellen dann bald fest, dass viele Menschen – genauso wie Sie – froh sind, wenn Spannungen verschwinden. Kein Mensch arbeitet gerne mit anderen zusammen, wenn der Haussegen schiefhängt. Viele Menschen wissen einfach gar nicht, was sie sagen sollen oder sind sehr scheu. Sie sind nun auf einem guten Weg und werden immer besser darin werden, wenn es darum geht, eine Situation sachlich und lösungsorientiert zu klären.

6.) Gehen Sie über das Gefühl hinaus

Es ist nahezu unmöglich, einen Konflikt fruchtbar zu beenden, wenn wir ausschließlich Gefühle als Auslöser benennen.

- »Mir stinkt es hier schon lange!«
- »Ich fühl mich nicht gut.«
- »Ich hab Frust.«
- »Das geht für mich nicht so weiter.«
- »Die Kollegin ist komisch.«

151

All das sind Aussagen, bei denen wir zwar eine Stimmung erahnen können, aber ändern können wir daran nichts. Ihr Gegenüber kann nicken oder den Kopf schütteln, aber dazu sagen kann er eigentlich nichts, denn es ist ja Ihr Gefühl. Gut möglich, dass er ein ganz anderes hat. Bei Gefühlen gibt es kein »Ich habe Recht!« oder »Nein, ich!«. Gefühle haben immer Recht und zwar für den, der sie fühlt und verbalisiert. Besser ist es, Sie beschreiben, welche Sicht Sie auf den Konflikt haben und was Sie sich wünschen würden.

- »Für mich stellt sich die Sachlage so dar: ...«
- »Wenn ich mein Erleben beschreiben wollte, dann würde ich sagen ...«
- »Meine Wahrnehmung der Situation ist ...«

7.) Zeigen Sie Respekt, Toleranz, Verständnis und dass Sie willens sind, den Konflikt zu lösen

Das ist nicht immer leicht, denn dafür müssen wir manchmal auch über unseren eigenen Schatten springen oder erkennen, dass wir einer Kollegin gar kein Feedback geben wollten, sondern ein »Fiesback«. Auch Sie sind nur ein Mensch und es kann auch Ihnen passieren, dass Sie ganz einfach eine Sauwut auf eine Kollegin haben und sich mal richtig Luft verschaffen wollen. Leider bringt zerschlagenes Porzellan weder Sie noch ein Team weiter. Es gibt nur Ärger mit den Scherben.

Wenn Sie noch nicht genau wissen, um was es eigentlich für Sie geht, dann beantworten Sie sich selbst folgende Fragen:

- Wie wäre meine Arbeitssituation, wenn alles wunderbar laufen würde?
- Was wäre anders im Unterschied zu der momentanen Situation?
- Gibt es etwas, das ich mir von meiner Kollegin, meinem Team wünsche?
- Gibt es etwas, das ich mir für mich wünsche?
Fragen dieser Art führen Sie zur Lösung.

Unterstützung bei schweren Konflikten

Es kann vorkommen, dass Sie – egal ob ein Konflikt klein oder groß ist – das Gefühl beschleicht, »mit Ihrem Latein am Ende zu sein«. Sie wissen, was allein falsch zugeschraubte Zahnpastatuben in Beziehungen anrichten können, es ist daher kein Wunder, dass sich auch im Beruf Konflikte so massiv anfühlen können, dass Versöhnung unvorstellbar scheint.

»Petra soll mich nicht schon morgens so dumm anmachen!«

»Iris hat einen Ton drauf, da mach ich dicht!«

»Ich möchte hier meine Arbeit tun und ansonsten sollen mich alle in Ruhe lassen!«

Wenn Sie als Team zusammenarbeiten, dann sind solche Haltungen auf Dauer nicht lebbar. Menschen sprechen, reden, verhandeln miteinander. Nur »die Arbeit tun« ist in Ihrem Beruf nicht drin. Damit Sie Ihre Arbeit gut tun können, brauchen Sie einander, und Sie brauchen eine Atmosphäre, in der sich auch konstruktiv zusammenarbeiten lässt.

Manchmal kommt man in schweren oder chronischen Konflikten alleine nur schwer weiter. In der Regel finden die Konfliktparteien dann mit Hilfe einer Supervision oder Mediation wieder zueinander. In Gesprächen wird dann herausgefunden, welche Anteile und Ansichten die einzelnen Kolleginnen in den Konflikt einbringen, welche Erwartungen und Wünsche dahinterstehen und was es braucht, damit alle wieder gerne arbeiten und zusammen sind. Der »Urknall«, der zuweilen den Konflikt ausgelöst hat, ist übrigens meistens wirklich nur ein Auslöser. Dahinter steht oft eine Ursache, ein Schwelbrand, der das ganze Team schon länger betroffen hat. Insofern stehen am Anfang zwar erst einmal Gespräche mit einzelnen Kolleginnen, die dann aber bald in eine Teamsupervision münden.

Scheuen Sie sich also nicht, auch wenn Sie direkt zu den Konfliktparteien zählen, sich Unterstützung zu holen. Es lohnt sich und wird sich positiv auf Ihre gemeinsame Arbeit auswirken. Letztendlich bringt jede Supervisionsstunde nicht nur dem Team etwas, sondern auch der persönlichen und beruflichen Reflexion. Das, was Sie selbst lernen, können Sie in die Arbeit mit den Kindern oder bei der Anleitung jüngerer Kollegen einfließen lassen. Und private Zahnpastatuben schrauben sich, als Bonus, häufig auch viel einfacher zu.

No-Gos im Konflikt

Schuldzuweisungen
»Weil du früher gehen willst, darf ich mal wieder länger bleiben!«

Du-Botschaften
»Du bist schuld!«
»Weil du auch immer ...!«

Opferhaltung
»Lass nur ... Ich mach die Küche halt.«
»Ich kenn es ja nicht anders.«

Ausreden
»Ich hätte es ja gemacht, wenn ich da gewesen wäre!«
»Wenn mein Wecker nicht klingelt, dann klingelt er nicht!«

Schuldverschiebung
»Moment mal, das hing an den Eltern, dass der Abend nicht klappte.«
»Die Mutter hatte mich abgelenkt!«

Frechheiten
»Hab ich dich grad etwas gefragt?«
»Halt die Klappe!«

Fiesheiten
»Hast du Probleme daheim, oder warum nörgelst du an mir herum?«
»Kümmere dich erst mal um dein Gewicht.«

Dominanz
»Also, ich sag jetzt mal, wie wir das machen.«
»Jetzt seid ihr mal alle ruhig!«

Viele Wahrheiten entdecken

Es gibt nicht *die* eine Wahrheit. Auch wenn wir sie zu gerne hätten. Besonders in Konflikten mit anderen Menschen. Wenn zwei sich streiten, dann haben meistens beide Recht, weil beide Menschen gute Gründe für ihr Handeln haben. Streit ist Energie. Wenn die noch vorhanden ist, lässt sich etwas verändern. Ist die Leidenschaft gestorben, stagniert ein Team. Deswegen sind Konflikte zwar lästig, tun aber gut.

Wenn wir unser Gegenüber ernst nehmen und reflektiert von uns erzählen, dann gibt es eine Aussicht, den Konflikt zu lösen, vorausgesetzt, auch unser Gegenüber entwickelt ein Interesse an unserer Welt. Zuhören ist gefragt und nicht Besserwissen. Kein »Ich weiß, was du sagen willst«, denn wir wissen es ja nicht.

Es gibt viele Wahrheiten, sogar in Ihnen. Denn heute handeln Sie nach dem einen Muster und morgen bereits nach einem anderen. Wir entwickeln uns permanent weiter und zeigen an verschiedenen Tagen unterschiedliche Reaktionen. Deswegen tun Fragen jetzt so gut. Wir sind von Wahrheiten umgeben und es ist erleichternd, nicht mehr die eine finden zu müssen, sondern überraschend viele Wahrheiten zu entdecken.

Annegret arbeitet seit zwanzig Jahren in einem Berliner Kinderladen. Das Team hat sich in dieser Zeit nur minimal verändert, obwohl die Konzeption der Einrichtung sich neuen Bedingungen anpassen musste und auch ganz neue Bereiche daraus entstanden sind.

155

Interview

Christine:»Was, glaubst du, habt ihr richtig gemacht, dass fast alle Kolleginnen noch miteinander arbeiten?«

Annegret:»Da war die Chemie, die bei uns gleich stimmte. Ich finde das sehr wichtig. Wir mögen uns, auch privat.«

Christine:»Und neben der Chemie?«

Annegret:»Wir sind sehr offen zueinander. Wenn einer etwas auf der Seele brennt, dann sagt sie das gleich. Wir haben kurze Dienstwege, nehmen einander ernst und versuchen Konflikte schnell zu lösen.«

Christine: »Seid ihr ehrlich zueinander?«

Annegret:»Unbedingt. Ich kann mich darauf verlassen, dass meine Kolleginnen die Dinge so meinen, wie sie sie sagen. Sie tratschen nicht hinter meinem Rücken, sondern sind direkt.«

Christine:»Hattet ihr auch mal eine Kollegin, die nicht ins Team passte?«

Annegret:»Ja, die verstand unsere Arbeit und ihre Rolle ganz anders als wir. Das zeigte sich in ihrer Arbeit. Wir haben erst versucht, mit ihr darüber zu diskutieren, aber sie hatte einen komplett anderen Ansatz. Als verschiedene Kinder nicht mehr kommen wollten, weil ihr Stil und unserer einfach so unterschiedlich waren, da haben wir uns von ihr getrennt.«

Christine:»Was hat sich in den Jahren vom Konzept her verändert?«

Annegret:»Früher hatten wir Schulkinder, das geht nun nicht mehr, denn die Horte gehören jetzt zu den Schulen. Also haben wir eine Gruppe für Einjährige eröffnet. Die leite nun ich.«

Christine:»Und wie erlebst du diese Veränderung?«

Annegret:»Am Anfang war das schrecklich für mich! Ich dachte mir: Was soll ich denn bloß mit den Kleinen machen? Ich hatte immer nur Schulkinder betreut.«

Christine:»Was hat dich unterstützt?«

Annegret:»Meine Kolleginnen. Die ließen mich an ihrer Erfahrung teilhaben, ich besuchte Fortbildungen, die ich mit ihnen nachbesprechen konnte, und jetzt ist mir mein neuer Arbeitsbereich schon sehr vertraut.«

Christine: »Findet ihr schnell einen Konsens? Seid ihr darum bemüht?«

Annegret: »Nur wenn es der Sache dient und nicht, um Befindlichkeiten zu schonen oder um Konflikte zu verdecken. Wir reiben uns auch. Für mich ist das wichtig, damit wir weiter voneinander lernen. Und manchmal muss man auch etwas ausprobieren, bei dem Kolleginnen erst einmal skeptisch sind.«

Viele Wahrheiten entdecken

Tabu: Darüber spricht man
(besser) nicht!

Als Tabuthemen werden Dinge bezeichnet, über die in einer Gesellschaft oder einer Gruppe nicht gesprochen werden soll.

Tabus sind etwas, das da ist, das von den Menschen aber so behandelt wird, als ob es nicht da wäre. Jemand zeigt z.B. ein bestimmtes Verhalten, das gesellschaftlich oder bei Einzelnen nicht akzeptiert ist und man negiert dies Thema und klammert es einfach aus. Am liebsten hätte »man«, es würde das Verhalten einfach nicht geben! Es ist wie bei einem Kind, das sich die Augen zuhält und ruft: »Ich bin nicht da!« Aber das Kind ist da und Tabus sind es auch.

Was wir als Tabu empfinden, hat viel mit inneren Werten zu tun oder mit Vorstellungen und Wünschen, wie wir Menschen oder die Welt gerne (anders) hätten. Aber auch damit, was eine Gesellschaft oder Gruppe von ihren Mitgliedern erwartet. Da solche Erwartungen sich im Laufe der Zeit ändern können, kommt es auch vor, dass Dinge, die früher einmal tabu waren, heute nicht mehr als Problem angesehen werden. Denken Sie zum Beispiel an das Thema Scheidung oder uneheliche Kinder.

Tabus und innere Konflikte

Tabus bringen sehr viele Menschen in innere Konflikte, denn es steht letzten Endes ihre Zugehörigkeit zu einer Gruppe, Familie oder Gesellschaft auf dem Spiel. So ein Tabu ist eine Art Alleinstellungsmerkmal: Man glaubt von sich, man hätte als Einzige diese Gedanken, Gefühle, Ideen, niemand sonst – eben weil es tabuisiert wird und jeder so tut, als würde es »das« nicht geben.

Wer mit einem Tabu lebt, fühlt sich schmerzvoll anders als seine Umwelt und hofft daher, es vor seinen Mitmenschen geheim halten zu können. Oder dass »es« endlich »weggeht« oder »aufhört«. Aber auch andere, die mitbeteiligt sind, fühlen Konflikte. Einerseits wird über etwas Bestimmtes nicht gesprochen, andererseits ist es aber da, steht mehr oder minder unterschwellig im Raum.

Ein Tabu zu brechen heißt, gegen (unausgesprochene) Regeln und Moralvorstellungen zu verstoßen, was meist Selbstabwertungen nach sich zieht. Entsprechend schwer kann es sein, ein Tabu offen zu legen, zumal man vorher nicht sicher weiß, wie der oder die anderen reagieren.

»Ich bin schwul«, sagte mein Cousin zu mir. »Gott sei Dank ist es raus,« atmete ich damals auf, denn ich ahnte es bereits seit vielen Jahren. »Endlich kann ich *normal* mit dir reden.« Es galt damals, und so ist es auch heute noch, als tabu, einen Mann neugierig zu fragen: »Bist du schwul?« Dieses Thema sollte vom Betroffenen angesprochen werden, denken viele. Irgendwann wird Schwulsein hoffentlich so natürlich behandelt werden, dass man sich genauso locker danach erkundigen kann, wie wir heute fragen: »Bist du Single oder liiert?« Single sein ist heute nicht mehr besetzt. Vor wenigen Jahrzehnten war es noch ein Makel und entsprechend ein Tabu, danach zu fragen.

Glücklicherweise fallen die Reaktionen bei vielen »brenzligen« Situationen oftmals viel positiver aus als erwartet, denn die meisten von uns erleben und fühlen Unerwünschtes und Ungereimtheiten im Leben, es wird meist nur nicht darüber geredet. Dann ist es raus und alles gar nicht so schlimm. Häufig genügt allein das Sprechen darüber, dass ein Tabu seine bedrohliche Macht verliert.

Mit diesem Kapitel möchte ich Sie anregen, über Tabus zu nachzudenken und zu sprechen – mit Ihrem Partner, Ihrer Freundin und mit Ihren Kolleginnen. Sie können Tabus auch als Ausgangspunkt für Brainstormings benutzen, im Sinne von: Wie könnten wir oder eine von uns reagieren, wenn etwas in dieser Art geschieht? Ohne, dass Sie sich selbst offenbaren müssen, können Sie von den Anregungen Ihrer Kolleginnen profitieren, und Hilfe wird möglich.

Tabu: Sie können ein Kind Ihrer Gruppe nicht leiden

Ich kann mich noch gut an meine Zeit als Leiterin einer Familiengruppe erinnern. Es waren mehrere Kinder unterschiedlichen Alters und natürlich mit unterschiedlichen Geschichten. Ein Mädchen war mir von Anfang an unsympathisch und dieses Gefühl hat sich fast bis zum Ende meiner Tätigkeit nicht gelegt. Eigentlich ist mir heute noch unwohl, wenn ich an sie denke. Ich bin froh, dass ich mit ihr nichts mehr zu tun habe, und das zeigt mir, dass unsere Beziehung unverarbeitet geblieben ist. Damals, das muss ich hinzufügen, gab es bei uns noch keine Supervision oder Teamgespräche mit Psychologen. Wir erzogen so »vor uns hin«, waren engagiert, aber jung und hatten recht wenig Lebens- und Arbeitserfahrung. Für das Mädchen und mich waren es die denkbar schlechtesten Voraussetzungen für eine gute Beziehungsgestaltung.

Ich habe meine Abneigung gegen das Mädchen damals verheimlicht. Meine Gefühle passten nicht zu den ethischen Grundpfeilern, die ich hinsichtlich meines Berufes hatte. Ich wollte eine gute Erzieherin sein und alle Kinder gleichermaßen lieben. Aber ich tat es nicht und fühlte mich deswegen unfähig und schlecht. Je länger ich dieses Gefühl mit mir herumtrug, desto schlechter ging es mir. Niemandem wurde dadurch geholfen. Weder mir noch dem Mädchen noch dem Team.

Wenn Sie ein Kind nicht mögen, dann wird es Gründe dafür geben. In meinem Fall war es komplette Überforderung. Ich war der Verhaltensauffälligkeit des Mädchens nicht gewachsen, sie provozierte mich und ich reagierte mit Abscheu und Wut. Betrachten wir nun mein damaliges Verhalten mit dem Abstand von vielen Jahren, könnten wir erkennen, dass ich Hilfe brauchte. Ich war einer pädagogischen Situation ganz klar nicht gewachsen und reagierte zwar menschlich, aber nicht mehr auf der Metaebene. Menschliche und gefühlsintensive Reaktionen sind in Ordnung, häufig aber längerfristig nicht hilfreich. Eine Kollegin oder eine Beraterin, die mir den Blick von der Metaebene ermöglicht und Verhaltensalternativen mit mir besprochen hätte, wäre unterstützender gewesen. So wie es den meisten Müttern Schuldgefühle verursacht, wenn sie nicht für alle Kinder dasselbe empfinden, geht es auch Erzieherinnen, die sich einem bestimmten Mädchen oder Jungen gegenüber reserviert fühlen. Und wenn Sie einmal fragen, werden Sie feststellen, dass kaum eine Ihrer Kolleginnen diese Erfahrung nicht kennt.

Wenn Sie betroffen sind

- Sprechen Sie mit einer erfahrenen Kollegin darüber, bestenfalls einer Kollegin, die nicht in Ihrem Kindergarten arbeitet.
- Suchen Sie sich Hilfe in der Supervision.
- Wenn Sie anonym bleiben wollen, bieten die Caritas- und Diakonie-Beratungsstellen sehr effektive Hilfe.
- Thematisieren Sie Ihren Konflikt im Team.

Sprechen Sie mit jemandem und versuchen Sie die Ursache herauszufinden. Was könnte Ihnen helfen, das Kind wieder mehr zu mögen und seine sympathischen Charaktereigenschaften zu entdecken? Die Arbeit wird Ihnen ab da leichter von der Hand gehen, wenn Sie etwas an dem Kind finden, das Sie »lieben«.

161

Tabu: Sie können ein Kind Ihrer Gruppe nicht leiden

Tabu: Sie sind in den Vater eines Kindes verliebt

Als ehemalige Heiratsvermittlerin habe ich für verliebte Gefühle und Zuneigungen das allergrößte Verständnis. Allerdings fällt das Liebeskraut nicht immer auf den einfachsten Acker. In der Liebe schießt Amor manchmal etwas ungünstig: dann beispielsweise, wenn Sie sich in den Vater eines Kindes verliebt haben und der darüber hinaus auch noch gebunden ist.

Eigentlich ist es kein Wunder, dass das passieren kann, denn Sie sind den ganzen Tag mit Frauen und Kindern zusammen. Jeder Mann, der den Raum betritt, kann da zum Exot und Objekt der Begierde werden. Besonders dann, wenn Sie vielleicht Single sind oder in Ihrer Beziehung nicht sehr glücklich. Die Minuten sind kurz und Väter in der Abschieds- oder Begrüßungsphase mit ihrem Kind emotional und weich. Klar, dass da Ihr Herz in Flammen geraten kann. Wer möchte nicht liebevoll in den Arm genommen werden wie ein Kind, wenn die Seele durchhängt. Liebesgefühle finden so ein »Nest«. Diese Gefühle können tatsächlich echt sein oder, aus Mangel an Möglichkeiten, sich eben auf diesen Vater richten. Wenn es Sie aber wirklich »erwischt« hat, dann sind Sie sicher ganz schön durcheinander, unabhängig davon, ob dieser Mann von Ihren Gefühlen weiß oder nicht. Auch jetzt ist Beratung hilfreich. Mit einer Therapeutin werden Sie leichter herausfinden als allein, um welche Gefühle es sich handelt und was für Sie am besten und sinnvollsten ist.

Lieben darf man übrigens immer. Es ist ein wunderschönes Gefühl, nur für sich allein, und muss nicht immer beantwortet werden. Sie dürfen Liebe auch dann fühlen, wenn Sie keine Beziehung mit oder zu diesem Menschen pflegen.

Tabu: Ihre Kollegin hat ein Verhältnis mit einem Vater

Sie wissen oder ahnen etwas und das macht Sie zur Mitwisserin, selbst wenn Ihrer Kollegin noch nicht klar ist, dass Sie ein Teil des Spiels sind. Es wäre leicht, sich rauszuhalten und so zu tun, als ginge einen das alles nichts an. Aber bei Tabubrüchen dieser Art entwickelt sich ein Schatten, der sich häufig auch auf andere Bereiche legt, z.B. die Zusammenarbeit. In Ihnen entstehen vielleicht Fragen und Zweifel.

- »Sie kann ganz gut verheimlichen. Wo hat sie wohl mich schon angelogen?«
- »Wie kann Sie diese Mutter so hintergehen.«
- »Warum hört sie damit nicht auf?«
- »Hat sie keinen Anstand?«

Wenn Sie etwas wissen, dann ist es schwer so zu tun, als wüssten Sie nichts. Und es ist auch schwer, eine generelle Empfehlung zu geben, wie Sie handeln sollten, denn jede Liebessituation dieser Art unterscheidet sich von anderen. Aus meiner Sicht jedoch (und das trifft für mich auf alle Geschichten dieser Art zu) ist es nicht gut, wenn Menschen nicht mehr aufrichtig miteinander umgehen. Selbst wenn die Kinder in Ihrer Einrichtung davon nichts mitbekommen, ist es doch so, dass wir Erwachsenen vorbildhaft Lösungen vorleben sollten – auch in Sachen Konflikt. Ich bin mir sicher, dass Verschweigen und Verheimlichen ein Gift ist, das die Luft zwischen Menschen, kleinen und großen, langfristig verpestet. Wir sollten es »rein« zwischen uns halten, und dazu gehört auch, Tabus und Regelbrüche anzusprechen.

Wie können Sie das tun? Ich kann nun wieder nur von mir ausgehen, aber ich würde dringend um ein Vier-Augen-Gespräch außerhalb des Kindergartens bitten. Und dann würde ich sagen, was ich vermute, und offen und achtsam zuhören. Sie wissen sicher noch aus dem Kapitel über die Landkarten, dass wir viel zu schnell glauben zu wissen, wie ein anderer Mensch etwas erlebt. Im Grunde aber wissen wir nichts. Und Ihre Kollegin ist auch nicht verpflichtet,

163

Ihnen etwas zu erzählen, bloß weil Sie angeblich etwas wissen. Es kann sogar sein, dass Sie auf Abwehr stoßen, auf Wegschieben und »Das stimmt doch gar nicht«. Letztendlich müssen Sie selbst fühlen und hören, was stimmen könnte und was nicht. Aber ganz sicher helfen auch hier Fragen weiter. Fragen, die nicht beschuldigend sind, sondern die Ihrer Kollegin aufzeigen, in welche Zwickmühle Sie durch Ihre ungewollte Mitwisserschaft geraten sind.

- »Ich habe damit primär nichts zu tun, aber ich kann der Mutter nicht mehr in die Augen schauen. Was soll ich tun?«
- »Wie kann ich damit leben, dass ich nun in deine Lügen miteingebunden bin? Was ist dein Wunsch, deine Empfehlung?«
- »Wie würdest du dich an meiner Stelle z.B. dem Team gegenüber verhalten?«

Liebe lässt sich nicht verhindern und verheimlichen. Das habe ich schon zu Tabu 2 geschrieben. Aber was dort gilt, gilt auch in diesem Fall: Eine Erzieherin, die sich in einen Vater wirklich verliebt und eine Verbindung mit ihm eingeht, sollte die Einrichtung wechseln, damit wieder Ruhe einkehren kann. Egal, ob das mit Schwierigkeiten verbunden ist oder nicht. Es ist der Preis, den diese Liebe zu zahlen hat. Wenn sich zwei Menschen ineinander verlieben, die bereits gebunden sind, dann gibt es immer einen Preis. *That's part of the game.*

Tabu: Eine Kollegin greift die Kinder »zu fest« an

Der kleine Klaps auf den Hintern. Der etwas zu feste Griff am Arm. Das große Gesicht genau vor dem kleinen und die zu laute Stimme dabei. Die Ankündigung: »Hörst du, was ich sage? Wenn du nicht aufhörst, dann ... Hörst du? Dann, dann ...«

Nicht alle Erzieherinnen, die zu laut werden oder Kinder zu fest anfassen, sind gewalttätig – aber überfordert sicherlich und sei es nur bei diesem Kind und in diesem Moment. Die Grenzen von Kindern auf körperlicher oder seelischer Ebene zu missachten ist auch kein Tabu, sondern hier wird Menschenrecht missachtet. Auch Kinder haben Rechte! Wenn Sie regelmäßig Teamsupervisionen oder Fallbesprechungen durchführen, hat das sehr günstige Auswirkungen, auch auf die Überforderung einzelner Erzieherinnen. Gespräche und beratende Situationen sind wie ein Ventil. Hier können sich Kolleginnen austauschen und gemeinsam nach besseren Wegen suchen. Sie fühlen sich nicht mehr so alleine gelassen und auf sich gestellt. In Supervisionen können Kolleginnen voneinander erfahren, wie die Einzelnen mit Stress und wütenden Gefühlen umgehen, oder sie können im Team überlegen, was nun hilfreich wäre.

Auch hier hilft es, achtsam und wertschätzend Fragen zu stellen

- »Ich erlebe dich sehr geduldig bei Anna und ich frage mich, was du brauchst, damit du auch bei Leon wieder geduldiger sein kannst?«
- »Ich empfinde dich die letzten Wochen sehr dünnhäutig, und ich würde gerne wissen, ob das stimmt, und wenn ja, ob ich dich in irgendeiner Art unterstützen kann?«
- »Was können wir für uns tun, um mit dem Stress besser umzugehen?«
- »Karoline, du bist auch aggressiven Kindern gegenüber immer ganz ruhig. Wie machst du das? Hast du eine bestimmte innere Haltung?«
- »Wir haben sehr viele laute Jungs im Kindergarten und sind nur Frauen. Was könnte uns helfen, mit den Jungs besser umzugehen?«

Wenn wir miteinander ins Gespräch kommen, uns angenommen und verstanden fühlen, ist das erste Tor zur Lösung bereits geöffnet. Wenn Sie also spüren, dass in Ihrem Kindergarten bei einzelnen Erzieherinnen oder im Team die Stimmung immer rabiater wird, schreiten Sie umgehend ein! Im Falle einer angehenden oder tatsächlichen Kindesmisshandlung durch eine Erzieherin muss dieses Verhalten sofort durch die Führungsebene geklärt werden und Konsequenzen folgen.

Tabu: Eine Kollegin greift die Kinder »zu fest« an

Tabu: Eine Kollegin trinkt Alkohol

Der Griff zum Alkohol ist leicht. Das tröstende Glas Rotwein am Abend, der Schnaps zur Verdauung, das Glas Prosecco, weil »es uns gerade gut geht«, die Flasche Champagner »zur Feier des Tages«, der Glühwein, weil es bitterkalt ist, die Bowle, weil es warm ist, der Grog, um die Erkältung abzuwehren, das Hefeweizen, weil es Sommer ist ... Es gibt unzählige Gründe, »etwas« zu trinken. »Lass uns was trinken gehen«, sagt man ja auch so salopp und es ist klar, dass kein Apfelsaft damit gemeint ist.

Ein Glas Wein macht aus einem Menschen noch keinen Alkoholiker. Doch wenn sich die Gedanken um dieses Glas Wein zu drehen beginnen oder die Flasche gelehrt werden muss, weil es anders nicht geht, dann ist es höchste Zeit für Hilfe. Wenn das passiert, sind Sie als Kollegin nicht dabei. Aber vielleicht riechen Sie Alkohol nach der Mittagspause oder Sie bemerken, dass Ihre Kollegin sehr oft verkatert ist und sich das auf die Arbeit mit Ihnen und den Kindern auswirkt. Alkohol hat im Kindergarten nichts verloren. Alkohol verzerrt den Blick auf die Verantwortung und die Arbeit, die jede Erzieherin zu leisten hat. Wenn Sie mitbekommen, dass eine Kollegin trinkt, müssen Sie reagieren. Sprechen Sie die Kollegin vorsichtig, am besten außerhalb des Kindergartens darauf an, und sollte das nicht weiterführen, sollten Sie Ihren Verdacht mit einer Vertrauensperson, am besten einem Coach besprechen, um alle Facetten zu durchdenken. Es kann sein, dass Ihre Wahrnehmung nicht stimmt oder Ihr Maß ein anderes als das der Kollegin ist, es kann jedoch auch sein, dass Ihre Kollegin tatsächlich ein Alkoholproblem hat. Das betrifft dann aber nicht nur das Team, sondern auch die Kinder, für die Sie Fürsorge tragen. Und natürlich betrifft es auch Ihre Kollegin, die in ihrer Situation eine helfende Hand benötigt. Selbst wenn Sie diese Hand nicht geben können, wissen Sie möglicherweise eine Tür.

Das Pippilotta-Prinzip:
Die Zukunft mitgestalten

»Ich mach mir die Welt, wie sie mir gefällt«, singt Pippi Langstrumpf in dem Superbestseller von Astrid Lindgren. Sich die Welt zu machen, wie sie einem so recht gefällt, das klingt wirklich sehr verlockend, nicht wahr? Pippi Langstrumpf ist Heldin eines schönen Reichs. Mutig, lustig, flexibel, störrisch, direkt, nachdenklich und kreativ. Etwas zu gestalten ist ein aktiver und befriedigender Akt, der, soll er Erfolg haben, jedoch auch Weitsicht und Rücksicht benötigt.

In diesem Kapitel geht es um das Erschaffen neuer Perspektiven. Sie sind die Steuerfrau auf Ihrem Boot und Sie geben den Kurs an! Es kann dabei nicht schaden, anderen Seefahrern kurz zuzuhören, z.B. Pippi Langstrumpf; sie ist Seemannstochter. Ihr steckt das Navigieren in den Genen, und Sie haben den Überblick, um Pippis manchmal vielleicht etwas blauäugige Sicht um eine alltagstaugliche zu ergänzen.

Pippis Freunde Thomas und Annika erscheinen neben der wilden Heldin fast wie platte Figuren, brav und ein bisschen farblos. Aber lassen Sie sich nicht täuschen: Ohne Thomas und Annika wären die ganzen Pippi-Langstrumpf-Geschichten nichts, und diese beiden brauchen wir auch, wenn wir Zukunftsgestaltung kreativ und wirksam betreiben wollen.

Gemeinsam mit Ihnen will ich hier entwickeln, wie wir die Energien von Pippi, Thomas und Annika in brauchbares Handwerkzeug und wirkungsvolle Instrumente der (Selbst-) Beratung verwandeln können.

Veränderungen initiieren

Vielleicht denken Sie jetzt, Pippi und ihre Villa Kunterbunt, das ist doch zu albern! Bei mir geht es um den rauen Alltag, den Stress und körperliche Herausforderungen.

»Ich möchte gar nicht gestalten«, gestand mir Susanne, eine Erzieherin in einer städtischen Einrichtung, »ich möchte am liebsten erst mal alles rausschreien, was mich seit Jahren belastet und quält.« Wenn man lange nicht »gehört« wurde, es sich so anfühlt, dass Anweisungen über die Köpfe hinweg ausgesprochen werden und im Team jeder nur noch so viel Kraft hat, dass es gerade mal für die eigenen Bedürfnisse reicht, dann ist der Gedanke verlockend, sich Luft zu machen und alles hinzuwerfen, was stört und schon lange nicht mehr passt. Genau an diesem Siedepunkt befand sich die Erzieherin, von der ich eben erzählte.

»Was glauben Sie, welche Auswirkungen es hat, wenn Sie das tun?«, erkundigte ich mich. »Na, da werden ein paar ganz schön sauer auf mich sein.« »Und danach?«, fragte ich weiter. »Dann ist die Luft rein«, meinte Susanne.

Vielleicht, vielleicht auch nicht. Ich selbst habe in meinem Leben oft zu lange geschluckt bis meine Frustration irgendwann wie ein Vulkan ausbrach. Was ich danach an Schadensbegrenzung zu tun hatte, überstieg all den Ärger, den es ohnehin schon gab. Daher versuche ich heute, nicht den Ärger, sondern das Bedürfnis zu artikulieren. Und ich versuche zweitens, möglichst früh damit zu beginnen.

Den Fokus verändern

Im Berufsalltag klingt die Wandlung vom Fokus auf den Ärger zum Fokus auf die Bedürfnisse so:

- **Alt:** »Du unterstützt mich nicht wirklich. Immer drückst du dich in der Teeküche herum.«
- **Neu:** »Ich würde mir wünschen, dass wir einen Plan für die gemeinsame Arbeit machen. Es würde mir helfen, manche Tätigkeiten von dir und von mir zeitlich besser einzuschätzen.«

Sagen Sie das, was Sie wollen, und nicht das, was Sie nicht wollen. Geradeso, wie es auch Pippi macht. Wenn Sie damit beginnen, haben Sie bereits den ersten Schritt unternommen: vom »Reagieren« zum »Agieren« und damit zum Gestalten.

Visualisierungen als Unterstützung

Sie haben – und dies ist ein wichtiger Dreh- und Angelpunkt im Selbst-Coaching – die Macht, jeder Situation und jedem Zeichen Ihre ganz eigene Bedeutung zu verleihen. Sie entscheiden, wie Sie etwas sehen und wie wichtig es für Sie ist. Nehmen wir die Villa Kunterbunt als Beispiel: Für mich ist sie ein Symbol und die Aufforderung, mehr Farbe in mein Berufsleben zu bringen. Es dürfen ein paar sehr bunte Farben dabei sein und auch ein paar unaufdringliche, sanfte. Ich kann nicht immer auf Hochtouren leben, deswegen benötige ich auch Farben, die leise sind und die mit Ruhe geben. Wofür könnte die Villa Kunterbunt in Ihrem Leben stehen?

Egal, ob wir uns etwas vor unserem geistigen Auge bildlich vorstellen oder es in Form einer Visualisierung direkt aufmalen: Unser Gehirn kann konkrete Bilder leichter verarbeiten als Worte oder schwammige Konzepte. Mit Hilfe von Visualisierungen können Sie z.B. herausfinden, wie intensiv oder schwach ausgeprägt Sie einzelne Lebensbereiche leben, wo mehr Entspannung und an welcher Stelle deutliche Anregung notwendig ist.

169

Um ein Gefühl, ein Bedürfnis oder einen Wunsch bildlich darzustellen, sind verschiedene Visualisierungen möglich. Sie können

- Ballons zeichnen
- MindMaps malen
- Listen erstellen
- Ideensterne in unterschiedlicher Größe basteln
- Farben in verschiedenen Stärken auftragen
- eine Messlatte aufzeichnen
- mit der Hand eine Größe anzeigen
- oder Collagen erstellen

Ich arbeite, wenn es gleichzeitig um verschiedene Bereiche geht, gerne mit dem Bild der Luftballons. Susanne, die gefrustete Erzieherin, von der ich Ihnen oben erzählte, fühlte sich, wie sie sagte, »komplett allein gelassen und überfordert«.

Im ersten Schritt betrachteten wir gemeinsam, was »komplett« für Susanne eigentlich bedeutet. Statt einer riesigen Wolke, die sie zu erdrücken schien, wurden so die ganz konkreten Bereiche ihrer Tätigkeit sichtbar:

- Elterngespräch
- Einzelarbeit mit Kind
- Gruppenarbeit
- Kollegialer Austausch
- Ruhezeiten, Rückzug
- Weiterbildung
- Gemeinsame Planung

Ich bat Susanne, in Form von Luftballons zu skizzieren, wie viel Zeit und Energie sie pro Woche in welche Bereiche steckte.

Wie Sie sehen, waren manche Ballons sehr dick. Andere Bereiche, wie Rückzug und Erholung, scheinen leer, regelrecht welk zu sein. Wenn wir aber nur die Arbeitszeit von einer Woche haben, dann müssen wir die Luft in den Ballons ein wenig umverteilen, mehr Luft gibt es nämlich nicht. Bevor ich Ihnen erzähle, für welchen Weg sich Susanne entschied, wäre es doch schön, wenn auch Sie Ihren aktuellen Luftballonstand hier oder in Ihr Heft aufzeichnen würden.

171

Frage

Was ist der Bereich, der Luftballon, wo es aus Ihrer Sicht den deutlichsten Handlungsbedarf gibt? Wo meldet sich am klarsten ein hungriges Bedürfnis?

Visualisierungen unterstützen uns dabei, bildhaft zu erkennen, wo wir stehen und welche Bedürfnisse wir haben. Sie helfen uns, diffuse Gefühle in eine aktive Lösungssuche zu verwandeln. Bereits damit verlassen wir die passive Ecke und werden aktiv und gestalterisch. Geradeso, wie es auch Pippi macht, die ja auch nicht sitzt und darauf wartet, dass etwas von allein geschieht.

Das Pippilotta-Prinzip: Die Zukunft mitgestalten

Kreativität beginnt im Kopf, oder aber wir nehmen sie als Gefühle im Körper wahr. Doch wenn wir die Gedankenblitze, die spontan in uns auftauchen, lediglich aufblitzen lassen, womöglich von einer Idee zur anderen hüpfen und keine weiterverfolgen, dann passiert gar nichts. Dieses Herumspringen, dieses »Das eine anfangen und darüber das andere vergessen«, das ist ein wenig Pippilotta: Sie folgt dem Lust- und Laune-Prinzip und hat wenig Durchhaltevermögen. Sich über etwas viele Gedanken zu machen ist nicht ihr Ding: Entweder es klappt oder es klappt eben nicht. Eine solche Herangehensweise hilft jedoch, besonders im Beruf, langfristig nicht viel weiter.

Vom Impuls zur Realität

Jetzt sind Thomas und Annika gefragt! Pippilotta »macht« einfach. Sie geht beherzt, aber nicht wirklich überlegt im Leben vor. Kennen Sie diese Energie aus Ihrem eigenen Leben? In den meisten von uns steckt auch eine kleine Pippi Langstrumpf. Ihre innere Pippilotta wird vielleicht rebellisch, wenn man sie einengt, bevormundet und übergeht. Oder Sie agieren sehr schnell, wenn Sie auf etwas Lust haben und deswegen davon ausgehen, dass es Ihnen gut tut. Solche Impulse tauchen sehr schnell in uns auf und unsere Reaktionen darauf sind oft nicht wirklich überlegt: Das typische Pippi-Verhalten, so, wie Pippi eben ist.

Wenn wir aber nicht mehr nur reagieren wollen (auch auf uns selbst!), sondern tatsächlich *gestalten*, ist die Energie von Thomas und Annika absolut entscheidend: Sie hilft, kreative Ideen in Realität zu verwandeln.

Thomas: zuverlässig, ruhig, strategisch, mit Überblick
Annika: die Macherin mit Intuition, Umsicht und Gefühl

Ohne diese beiden Mitspieler könnte Pippi nicht die sein, die sie ist. Erst durch Thomas und Annika kann Pippi sich ausprobieren. Thomas und Annika sind gleichsam ihr Sicherheitsnetz. Die beiden bringen vermeintlich verrückte Ideen auf den Boden. Jetzt, wohl durchdacht und nicht mehr ganz so hitzig, können die kreativen Eingebungen angegangen und gestaltet werden.

Bei der Erzieherin Susanne ging es darum, mehr Ruheinseln im Berufsalltag zu finden. Das ist wichtig und für die Arbeitskraft, ihre körperliche und seelische Gesundheit, Motivation und den Teamgeist nötig. Wenn eine das Gefühl hat, alles allein zu machen, dann kann es schnell zu wirklichen Konflikten kommen. Ganz nach der Art der Villa Kunterbunt malte Susanne ein Bild und wählte dabei bestimmte Symbole für ihre Fragen und Ressourcen.

Ressourcen entdecken

- Pippi hat eine Schatztruhe: Wo liegen meine Ressourcen?
- Pippi liebt ihre Sommersprossen: Wie kann ich freundlich meine Ecken und Kanten betrachten?
- Pippi hat Kraft: Die habe ich auch! Wie drückt diese sich aus und wo mangelt es mir an Energie?
- Pippis Limonadenbaum: Gibt es versteckte Ressourcen, die ich entdecken sollte? Sehe ich alle Geschenke, die das Leben mir anbietet?
- Pippi lebt nicht allein, sie hat Herrn Nilson und das Pferd: Auf wen kann ich mich verlassen?
- Pippi hat Freunde – Thomas und Annika: Wer hilft mir, meine Wünsche zu realisieren?

Genügend Ressourcen hatte Susanne, was die Elterngespräche anging. Die fielen ihr leicht, der Ballon konnte so bleiben. Was die tägliche Abwicklung anging, fühlte sie sich momentan (das bedeutet, tagesaktuell) etwas zu sehr »ausgefüllt«. Zwei ihrer Kolleginnen, mit denen sie »sommersprossig« darüber sprach, sagten ihr zu, sie die nächsten beiden Wochen probeweise darin zu entlasten. Danach wollen alle drei sehen, ob es zu einer generellen Neuverteilung der Aufgaben kommt. Ganz spürbar war aber für die Erzieherin das Gefühl, dass sie sich auf sich selbst verlassen konnte. Sie hatte nicht alles herausgeschrien, sondern tatsächlich etwas verändert. Etwas, dass ihr jetzt das Bedürfnis erfüllte, das ihr so wichtig war: ein paar Pausen mehr in einem trubeligen Alltag.

Pippi, Thomas und Annika können Sie unterstützen, die Bedürfnisse und Wünsche, die in Ihrer Visualisierung sichtbar geworden sind, konkret umzusetzen.

- Pippi ist die Ideengeberin.
- Thomas ist der Organisator.
- Annika schaut auf die Beziehungen.

Mögen Ihre Wünsche auch noch so »verrückt« oder scheinbar weltfremd sein, Thomas und Annika bringen die tanzende Pippi schon wieder auf den Teppich und unterstützen, damit sich die ganz verrückten Ziele von den verrückten und die von den machbaren lösen.

Im NLP ist übrigens eine ganz ähnliche Strategie zu finden, die ich Ihnen noch kurz vorstellen möchte: die sogenannte Walt-Disney-Methode.

Die Walt-Disney-Methode

Walt Disney sagte einst, dass alles, was wir uns vorstellen können, auch gestaltbar ist. Ihre inneren Bilder zeigen Ihnen Ihre Wünsche und Ziele auf, das, was Sie ersehnen und erreichen möchten. Gleichzeitig ist eine solche Visualisierung auch der erste Schritt, wenn es um Realisierung geht. Wenn Sie Lust haben, dann können Sie nun Ihr Anliegen auch noch einmal mit dieser altbekannten Methode betrachten.

175

Robert Dilts, Mitbegründer des NLP (Neuro-Linguistisches Programmieren) stellte fest, dass es unsere unterschiedlichen Persönlichkeitsanteile sind, die uns helfen, kreativ zu sein und Lösungen zu finden. Der *kritische Standpunkt* kann mit *der reinen Fantasie* ein Traumpaar bilden, wenn alle Argumente gehört werden dürfen und als Schritte zum Ergebnis dienen. Genauso sah das wohl auch Walt Disney. Der Erfolg des Zeichentrickfilmkönigs ist u.a. darauf zurückzuführen, dass er im Brainstorming, wie es heißt, drei verschiedene Sessel benutzt haben soll:

- einen Sessel zum Träumen (Pippi)
- einen Sessel, um alles kritisch zu reflektieren (Thomas)
- einen Sessel zum Planen (Annika)

In manchen Büchern liest man auch, dass er in verschiedene Räume ging (so gesehen kann man die Methode auch als Teamerfahrung einsetzen). Aber vielleicht waren es auch drei Hüte, die er aufsetzte, oder drei Gläser, aus denen er trank. Wir wissen es nicht und ich war nicht dabei. Wichtig bleibt, dass zur Zielfindung verschiedene Zustände eingenommen werden: Erst wird nur geträumt, dann nur kritisiert, dann nur die Umsetzung geplant.

Üblicherweise springen wir mit den Gedanken hin und her: Wir träumen, wir kritisieren und wir setzen um. Das Durcheinander im Kopf führt dazu, dass wir wertvolle Informationen nicht wirklich wahrnehmen bzw. nicht zu Ende denken. Die Aspekte behindern einander, wenn sie gleichzeitig aktiv sind.

> Lösungen lassen sich besser finden, wenn Sachverhalte nacheinander aus unterschiedlichen Blickwinkeln betrachtet werden.

Je mehr Wahlmöglichkeiten und Lösungen wir zur Hand haben, desto flexibler können wir reagieren und desto größer sind die Chancen, dass wir das gewünschte Ziel erreichen. Das gilt auch für

Gespräche in Ihrem Team, mit Ihrem Arbeitgeber oder einem Verband. Wer in einer Situation nur eine oder zwei Möglichkeiten zur Auswahl hat, steckt schnell fest und weiß nicht mehr weiter. Häufig wird ein Ziel dann aufgegeben oder vergessen. Eine Palette verschiedener Handlungsoptionen bedeutet viele Alternativen. Alternativen machen Sie beweglich und helfen Ihnen, Ihre Strategie schnell wechselnden Umständen anzupassen. Die Erhöhung der Wahlmöglichkeiten ist *das* zentrale Ziel von Coaching. Und über diese Wahlmöglichkeiten und kurz- und mittelfristigen Ziele entsteht dann manchmal – und das würde ich Ihnen sehr wünschen – auch eine *Vision*.

Die Walt-Disney-Methode

Visionen: Der Blick über den Tellerrand hinaus

Wenn Menschen bereit für Wachstum und Veränderung im Leben sind, dann hören das Lernen und die Selbsterkenntnis nie auf. Jeden Tag dürfen wir dazulernen, wachsen und werden. Jede einzelne Erfahrung ist eine Perle oder ein Verbindungssteinchen in einer Kette. Die Kette wird dadurch schön, dass sich die Steine voneinander unterscheiden. Wenn Sie selbst für sich oder mit den Kindern schon einmal Ketten gefädelt haben (und das haben Sie, da bin ich mir ganz sicher), dann wissen Sie, dass es auch dunkle, glanzlose Steine gibt, die aber später doch einen besonderen Schimmer erhalten, weil nach diesem dunklen Stein immer eine Kontrastperle gefädelt wird. So ist es auch mit den dunklen oder problematischen Erfahrungen, privat wie beruflich. Wenn Sie weiterfädeln und dabei achtsam sind, dann werden sich diese dunklen Erfahrungen wandeln und mit Ihrem Zutun zu wertvollen Momenten der Veränderung werden.

Damit dies gelingt, braucht es Mut und eine Vision. Wenn Sie kein Bild von der Kette haben, dann sind die Steine einzeln zwar schön oder hässlich, aber sie haben darüber hinaus keine Aussage. Eine Kette gibt Ihnen bildlich gesprochen die Möglichkeit des Rückblicks, Sie können Wege erkennen, wie sich Situationen bildeten, und sie zeigt Ihnen, ab welchem dunklen Punkt es dennoch weiterging.

Wie eine Vision im Konfliktfall
helfen kann

Ich habe Ihnen von dem Kindergarten erzählt, in dem es zu einem angeblichen Mobbingfall kam (Seite 135). In der Kürze der Darstellung und in dem Kapitel über Rollen wollte ich nicht so genau auf die Situationsschilderung eingehen. Hier, in diesem Kapitel, kann ich Ihnen erzählen, dass das Team komplett zerstritten war. Die Leitung stellte mit ihrer Vertretung eine Partei dar. Die jüngeren Erzieherinnen hatten sich verbündet und der Rest des Teams machte individuell »Dienst nach Vorschrift«. Erste Abmahnungen waren geschrieben, und es sah so aus, als müssten Kündigungen ausgesprochen werden. Dass es nicht dazu kam, hatte etwas mit dieser Erfahrungskette und einer Vision zu tun. In einzelnen Coachingstunden stellte sich heraus, dass jede – und wirklich jede Erzieherin – im Team zwar wusste, wie schlimm und verfahren die Situation war, aber keine wollte, dass das Team auseinander gerissen werden würde.

»Ich will hier arbeiten, und es war doch auch mal gut«, sagten die meisten. Nicht einmal die abgemahnte Erzieherin, die angeblich eine andere gemobbt haben sollte, wollte gehen. Auf meine Frage, was sich die einzelnen von der Zukunft wünschten, kam einstimmig die Antwort: »Es soll wieder gut werden!«

Als Ziel ist das noch sehr vage, das wissen Sie, aber es war dennoch eine gespürte Vision. Es gab die Sehnsucht und die Bereitschaft, wieder in ein harmonisches Miteinander zu kommen, ohne dass »dunkle« oder »schräge Perlen« aussortiert würden. Ohne diese Vision, diese Bereitschaft, hätte ich als Coach nicht viel ausrichten können. Mit dieser Vision, die sich zudem auf bessere Zeiten in der Vergangenheit stützte, war jedoch jede einzelne Kollegin bereit, sich zu öffnen, neue Gedanken anzunehmen und die Veränderung zu wagen. Im Verlauf eines Jahres wuchs dieses Team immer mehr zusammen. Nachdem das letzte Weihnachtsfest voller Kälte und Schweigen gewesen war, feierten die Frauen im Jahr der Verände-

rung nicht nur gemeinsam Weihnachten, sondern zusätzlich mehrere Adventsfeiern. Sie begannen unter anderem mit Yoga, denn die
Einzelnen brachten ihre Kompetenzen, die vorher erst nach Dienst-
schluss gelebt worden waren, nun auch in das Team ein. Die Leitung
war zu einem neuen Verständnis von Führung gelangt, und die älteren Erzieherinnen sahen sich nicht mehr allein in Profession, sondern erkannten auch ihre Vorbildfunktion an.

Sie lebten damit vor, wie Konflikte angegangen werden, was es
heißt, in diesem Beruf älter zu werden, wie man Jüngere einbindet,
immer weiter wach bleibt und sich engagiert. Denn auch die Jüngeren werden ja einst älter sein und sich dann an diese Kolleginnen
erinnern. Die jüngeren Kolleginnen wussten mit einem Mal, dass es
ihre Pflicht ist, neues Wissen und Frische einzubringen. Einzubringen bedeutet, der Einrichtung etwas hinzuzufügen, und das geht
nur, wenn auch die älteren Kolleginnen mit im Boot sind. Und alle
wussten, dass sie für die Kinder ein Modell von vielen sind, wie Erwachsene miteinander umgehen.

Vergessen wir nie, dass Kinder sich zwar noch nicht so artikulieren können, aber sehr feine Sensoren für Stimmungen haben. Wie
schön, wenn ein Kind sich bei Ihnen in der Einrichtung entfalten
und wohl fühlen kann, weil es sicher weiß, dass Sie und Ihre Kolleginnen Ihr Miteinander »im Griff« haben. Kinder müssen schon zwischen den Eltern so oft taktieren und Verantwortung übernehmen,
im Kindergarten sollte für sie ein Ort sein, in dem ihre Entwicklung
Vorrang hat.

Von der Idee zu Vision

Ein konkretes Beispiel zeigt vielleicht am besten, was eine Idee von
einer Vision unterscheidet. Eine Idee ist ein kurzes oder längeres
Aufflammen einer Vorstellung. Wie sinnvoll eine Idee ist, wird sich
bei genauerer Betrachtung erweisen.

»Wir könnten ein Frühlingsfest machen ...«

»Mmh, in diesem Frühjahr sind wir gerade total unterbesetzt. Das ist schon jetzt absehbar.«

»Ja, stimmt. Ach, machen wir was anderes. Es war nur so eine Idee.«

Nicht alle Ideen, die noch nicht ganz stimmig sind, werden fallen gelassen, manche werden zu einem späteren und passenderen Zeitpunkt wieder aufgegriffen. Ideen können sich erweitern, an Raum gewinnen, sodass auf einmal eine Vision im Raum steht.

»Bei dem Frühlingsfest könnten wir ein Beet anlegen.«

»Wie wäre es, wenn wir einen Teil des Gartens in einen Nutzgarten verwandeln?«

»Mit vielen Beeten?«

»Ja, wir könnten uns selbst einarbeiten und ein richtiges Gartenjahr leben.«

»Eigene Produkte ernten ...«

»Und unseren Kindern ein Stück Natur in die Stadt bringen.«

»Für mich wäre das auch schön.«

»Und für mich erst mal!«

Jetzt hat sich etwas gewandelt. Aus dem Frühlingsfest ist eine Vision geworden. Wie ein Ballon steigt auf einmal ein Bild in die einzelnen Köpfe.

Von der Idee zu Vision

Damit etwas zu einer *gemeinsamen* Vision werden kann, braucht es einen Bildabgleich. Beide müssen sich erzählen, was sie sich vorstellen, wie ihr Wunschgarten aussieht, und dann können beide an einem gemeinsamen Bild arbeiten und modellieren.

Es ist ein Faden aufgenommen worden, den beide miteinander verfolgen. Vielleicht braucht es nun weitere Informationen und das Einverständnis des ganzen Teams, aber mehr und mehr ist da aus zwei Wunschvorstellungen etwas Beseeltes, Gemeinsames geworden. Eine Vision, die nun so an die anderen weitergegeben werden kann, um die Kolleginnen damit anzustecken.

Eine Vision braucht Herz und Klarheit

Eine unternehmerische Vision will immer mehrere erreichen, am liebsten Team *und* Kunden. Mit einer Vision verbunden sind Werte und Zukunftsgedanken. Im Grunde kann man jede Vision wie ein Rezept in diese beiden Grundzutaten zerlegen. Aber: Ohne Herzschlag geht es nicht. Deswegen funktionieren »Visionen« nicht, die wie Parolen ausgegeben werden oder die einfach an der Wand hängen bzw. auf Webseiten zu lesen sind.

Wie klingt beispielsweise diese Formulierung für Sie, die so oder in ähnlicher Form vielfach in Selbstdarstellungen pädagogischer Einrichtungen zu lesen ist: »Die Vision unserer Einrichtung ist, Kinder auf dem Weg in ein selbstbestimmtes, verantwortungsvolles Leben zu begleiten.« Na ja. Haben Sie schon ein Bild, wie das aussehen soll, so ein selbstbestimmtes, verantwortungsvolles Leben? Also, ich nicht. Was heißt denn selbstbestimmt? Dass ich mir nehmen kann, was ich will?

Sie merken, Ziele und Visionen benötigen Gespräch und Abgleich, und selbst dann kann es sein, dass dieses Ziel für mich noch nicht ausreicht, um daraus eine Vision entstehen zu lassen.

Wie Visionen für mich entstehen

1. Da ist zuerst ein Gedanke, ein Samen, ein Faden,
2. an den sich Bilder wie Perlen reihen
3. oder Blätter und Blüten, wie an einem Baum,
4. die miteinander geteilt,
5. besprochen,
6. erweitert und verknüpft werden,
7. bis ein Herzschlag in die Idee kommt und daraus eine Vision wird,
8. die lebendig ist und im Leben integriert werden kann.

Viele Visionen entstehen aus einem Mangel heraus. Es stimmt etwas nicht, kann nicht mehr so weitergehen. Wie eine besondere Energie durchflutet uns dann die Vision, treibt uns an, setzt ungeahnte Ressourcen frei und gibt uns die Kraft zu gestalten und zu verwirklichen.

Daher sollten wir eigentlich dankbar sein, wenn sich eine unbequeme Situation aufzeigt. Sie zwingt uns nachzudenken, in uns zu gehen und etwas Neues zu versuchen oder zu beginnen.

Ihre eigene Vision

Nicht nur Einrichtungen, auch Sie, ja, jeder Mensch sollte Visionen haben, die das eigene Leben betreffen. Nicht immer sind diese Visionen groß und bahnbrechend. Wenn Sie voll im Beruf eingespannt sind und selbst eine Familie haben, dann könnte die Vision vom freien, selbstbestimmten Leben sich sogar in einen inneren Konflikt verwandeln. Diese Vision ist ja nur zu verwirklichen, wenn Sie Haus und Hof den Rücken kehren. Als Mutter und berufstätige Frau sind sie weder frei noch selbstbestimmt. Doch halt! Wenn es nun einmal Ihre ureigenste Vision wäre, die, bei der Ihr Herz so richtig zu klopfen beginnt und Wärme Sie durchflutet, dann wäre es sicher sinnvoll zu überdenken, ob es nicht wenigstens *Inseln* der Freiheit geben könnte. Zum Beispiel, indem Sie ein eigenes Zimmer haben, regelmäßig allein in Urlaub fahren oder einen freien Abend in der Woche haben.

Wann immer Sie Sehnsüchte und Träume haben, werfen Sie diese nicht gleich über Bord, bloß weil Sie oder jemand anderes sagt: »Geht nicht!« Forschen Sie so lange nach Annäherungen an die Verwirklichung, bis Ihre Seele Ihnen signalisiert: »Ja, so fühlt es sich gut an. So könnte es auch gehen.« Ihr Körper wird Ihnen durch Empfindungen genau mitteilen, ob Ihre Seele befriedigt und froh ist. Diese Körpersignale, die meist mit einem Lächeln oder Strahlen in den Augen einhergehen, sind untrüglich, nicht beeinflussbar und lassen sich nicht durch Logik hervorzaubern.

184

Fragen, die Sie zu Ihrer Vision führen
Wie soll mein Leben in fünf Jahren aussehen?

_____

_____

_____

Was werde ich mit 50 Jahren von meinem Leben erzählen?

_____

_____

_____

Welchen Wert möchte ich Kindern unbedingt mit auf den Weg geben?

_____

_____

Wenn mein Leben ein Puzzle wäre, welche Steinchen fehlen noch?

_____

_____

_____

Was möchte ich in meinem Leben unbedingt verwirklicht haben?

_____

_____

185

_____

Ihre eigene Vision

Manche Ziele lassen sich nicht sofort und gleich verwirklichen, aber Teilschritte bilden den Weg dorthin. Dann gibt es noch Visionen, die trägt man lange in sich, weil die Zeit der Verwirklichung noch nicht gekommen ist. Bei manchen Sehnsüchten ist dieses Warten nicht schlimm, das Hinträumen versüßt sogar den Augenblick. So diese Visionen zu verwirklichen sind, das heißt nicht allein Fantasiegebilde bleiben müssen, ist das für mich auch ein schöner Zustand. Ich weiß z.b., dass ich später in Wien leben möchte. Zeitweise, aber mit festem Wohnsitz. Das ist meine Vision. Ich bin oft in dieser Stadt, die mir bereits jetzt schon ein Zuhause geworden ist. (Mehr darüber, als kleines Schmankerl am Rande, können Sie in meinem Buch *Verrückt nach Wien* lesen.) Irgendwann werde ich also dort noch viel regelmäßiger als jetzt sein, und ich möchte dann auch dort einen beruflichen Anlaufpunkt haben. Über viele Jahre genügte es mir zu wissen, dass meine Wiener Zeit kommen wird. Nun, in meinem 50. Lebensjahr, wird es Zeit, vom Träumen zur Verwirklichung überzugehen. Ich bin gespannt, was mir einfallen wird, und vertraue auch auf die Zufälle und Zeichen des Lebens, denn in dem Moment, wo ich diese Zeilen schreibe, wählt mein iPod als zufälligen Titel unter 4950 Stücken einen Walzer von Johann Strauß aus, gespielt von der Wiener Staatsoper.

Damit Träume sich erfüllen können

Ich sprach vorhin auch von einem Rezept und so sehe ich es auch. Wenn sich Ihre und meine beruflichen oder privaten Visionen erfüllen sollen, dann müssen wir etwas dafür tun. Wie heißt es so schön in der Bibel: »Hilf dir selbst, dann hilft dir Gott.« Ich glaube fest daran, dass wir vom Himmel unterstützt werden, wenn wir uns etwas brennend wünschen, es für unser Leben sinnvoll ist, wir daran glauben und arbeiten. Deshalb sind für mich folgende Zutaten sehr wichtig geworden, wenn es darum geht, die Basis des Träumens zu verlassen und mit der Verwirklichung zu beginnen:

Durchhaltevermögen

Leidenschaft

Mut

Zielmanagegement

Zuversicht

Engagement

Zutrauen

Konzentration

Durchsetzungswillen

Ein »Nein« bedeutet erst einmal nur: Ich muss weiter nachdenken

Beharrlichkeit

Kraft

Überlegung, Reflexion

Austausch mit anderen, Netzwerke

Inspiration

Toleranz

Kreativität

Disziplin

Wachheit

Anpassung und Geschmeidigkeit

Vertrauen in die eigenen Fähigkeiten und ins Leben

187

Damit Träume sich erfüllen können

Vielleicht denken Sie jetzt: »Auweia, das ist aber eine ganze Menge!« Ich bin mir sicher, Ihnen werden sogar noch weitere Zutaten einfallen, ganz persönliche, wenn Sie Ihr eigenes Leben und Handeln überblicken. Nicht alle Zutaten haben wir gleichermaßen in uns entwickelt, aber sie sind alle, jede für sich, sehr wertvoll. Nicht nur, wenn es um Visionen geht, sondern an jedem einzelnen Tag im Leben, für alle Entwicklungen, Veränderungen und Wachstumsgedanken.

Sollten Sie spüren, dass die eine oder andere Zutat bei Ihnen noch wenig ausgeprägt ist, dann ist dieser Augenblick ein guter Moment, um mit dem Sammeln zu beginnen.

Ihr Leben liegt in Ihren Händen. Behandeln Sie es sorgsam, sorgfältig und liebevoll. Sehen Sie, auch diese Zutaten gehören oben in die Liste.

Ich schließe dieses Kapitel mit den Gedanken, mit denen ich es auch begonnen habe. Wir sind auf der Welt, um zu wachsen und zu werden. Sie begleiten Kinder auf diesem Weg, Kolleginnen, Eltern und sich selbst. Mit sich werden Sie die meiste Zeit Ihres Lebens verbringen. Also: Wachsen und werden Sie! Tun Sie sich gut!

Wir leben das Leben in wachsenden Ringen: Älter werden

Wann fängt man an, »älter« zu werden?

Manchmal fühlte ich mich mit 30 Jahren schon steinalt. Mit 40 war ich kurzzeitig irritiert, mit 45 packte ich neue Herausforderungen an, und nun werde ich in wenigen Monaten 50 Jahre alt. Das ist schon »älter«, ich kann es nicht verleugnen.

Meine Themen haben sich in den letzten Jahren verändert, sowohl beruflich wie privat. Eine Freundin beschrieb die jetzige Lebensphase bei sich mit »Pubertät rückwärts«. Mir geht es ähnlich. Auch ich rolle scheinbar alles noch einmal auf und gleichzeitig ist mein Blick nach vorne gerichtet.

Mein Lebensgefühl ist kraftvoll, ich will noch vieles anpacken und bewegen. Ich habe die Erfahrung gemacht, dass das geht, weil ich immer auf gezielte Weiterentwicklung in meinem Leben bestanden habe. Für mich ist Lernen so etwas wie ein Grundnahrungsmittel. Ich, die als Jugendliche zweimal aus Faulheit eine Klasse wiederholen musste, bin neugierig und will so viel lernen, wie es geht. Wenn möglich bis ins hohe Alter.

Katharina, eine frühere Kollegin von mir, die heute noch als Erzieherin im Kindergarten arbeitet, sieht ihr Leben nicht ganz so enthusiastisch. »Es gibt so viele ähnliche Abläufe, und die permanente Unruhe macht mir mehr und mehr zu schaffen.« Wenn ich sie im Kindergarten besuche, kann ich das verstehen. Ein Raum, eher klein als groß, täglicher Aufenthaltsort für zwei Erzieherinnen und zehn Kinder. Katharina, die Erzieherin, und ich unterhalten uns – am Kindertisch, meine Knie befinden sich direkt unter meinem Kinn. Die jüngere Kollegin, die mit Katharina arbeitet, hockt vor einem Buchregal auf der Erde. Nach meiner Schätzung dürfte sie etwa Mitte 20 sein. Der Boden ist aus Linoleum – klar, bei so vielen Kinderfüßen sind Teppiche verständlicherweise unhygienisch. Die junge Kollegin steht leichten Fußes auf, als vom Flur aus jemand nach ihr ruft. Katharina und ich schauen uns lächelnd an. Ja, das war mal so. Auch wir können zwar heute noch aus dem Schneidersitz aufstehen, aber es sieht nicht mehr ganz so anmutig und geschmeidig aus. »Ich brauche jetzt eine Lesebrille«, erzählt mir Katharina. Die trage ich schon lange auf der Nase. »Außerdem bin ich manchmal echt vergesslich.« »Das kann auch durch die Hektik kommen«, erwidere ich. Nicht jede Vergesslichkeit ist gleich ein Symptom von Alter. Katharina liebt ihren Beruf, dennoch wünscht sie sich Anreize und Verbesserungen.

Das Alter bringt eine Menge mit sich: Erleichterungen ebenso wie Ärger. Wer hat als Frau schon gerne Cellulitis oder Krähenfüße? Und welche Frau berührt es nicht, wenn sie sich umschaut und leise mitzählt, wie viele frühere Klassenkameraden inzwischen wesentlich jüngere Geliebte oder Partnerinnen haben? Der Trend geht zur Zweitfamilie. Zwischen den Kindern der beiden Familien liegen zuweilen 20 Jahre Altersunterschied.

Auch im Beruf ist älter zu werden nicht gerade ein Zuckerschlecken. Es gibt nur wenige Angebote für die Mitarbeiter »40 plus«, und die Karriereentwicklung spricht bei Mitarbeitergesprächen keiner an. Bislang. Nach und nach wird sich das ändern. Der demographische

Wandel macht sich bemerkbar und immer mehr Personalentwicklungsabteilungen wissen: die jungen Mitarbeiter gilt es zu gewinnen, die älteren Mitarbeiter zu pflegen. Ohne uns Ältere geht es nicht, in keinem Bereich. Auch nicht bei Ihnen im Kindergarten.

Altersgerechtes Arbeiten im Kindergarten

Erst langsam beginnen sich die Träger damit zu beschäftigen, welche Themen der demographische Wandel uns in den kommenden Jahren bringt. Würde man auf der Straße jemand nach dem durchschnittlichen Alter von Erzieherinnen fragen, bekäme man wohl zu hören: »So um die 20.« Die Realität sieht jedoch heute anders aus. Der Altersdurchschnitt unter Erzieherinnen liegt meist um Einiges höher. Während in früheren Generationen viele Erzieherinnen nach einigen Jahren in der Kita aus familiären Gründen aus dem Beruf ausstiegen, wollen oder müssen die meisten heute länger berufstätig bleiben. Die TBS, eine Beratungsstelle des Deutschen Gewerkschaftsbunds NRW, schreibt:

»Der Altersdurchschnitt liegt meist über 40 Jahren. Jüngere Erzieherinnen und Erzieher sind oft nur mit Zeitverträgen beschäftigt und gehören zu den ersten, die bei Personalabbau wieder ausscheiden. Damit entsprechen Erzieherinnen zumindest nicht dem bisher verbreiteten Bild dieses Berufs und sind z.B. oft älter als die Mütter der Kinder, die sie betreuen.«

Die beruflichen Anforderungen für Erzieherinnen steigen durch den gesellschaftlichen Wandel (Krippenausbau, berufstätige Mütter, »späte« Eltern, Patchwork-Familien, multikulturelle Gesellschaft, steigende Anforderungen an Bildungsvorbereitung, Entwicklung weg von Horten zu Offenen Ganztagsschulen), und immer mehr Aus- und Fortbildungen sind erforderlich, um speziellen Anforderungen genügen zu können. So ergeben sich zwar zusätzliche Perspektiven und Felder, um persönliche Kompetenzen einzubringen, gleichzeitig steigen aber auch Druck und Belastung der Erzieherinnen. Dazu noch einmal die TBS: »Für die Einrichtungen und ihre Träger ergibt sich die Problemlage, dass sie ihre Aufgaben mit begrenzten Mitteln und einer älter werdenden Belegschaft bewältigen müssen, für die Beschäftigten, dass sie bei ständig steigenden bzw. sich verändernden Anforderungen ihre Perspektiven und Potentiale erkennen und bewusst in der betrieblichen Organisation einsetzen« müssen.

In einem Modellprojekt zur Beschäftigungs- und Zukunftsfähigkeit in Kitas, die sich durch eine veränderte Altersstruktur ergibt, wurden folgende Gestaltungsziele benannt:

- Neue Aufgabenverteilung
- Neue Perspektiven und Herausforderungen für ältere Erzieherinnen
- Gesundheitsmanagement
- Mitarbeiterschulungen hinsichtlich »Wir arbeiten zusammen: Alt und Jung«
- Potentialanalyse für ältere Mitarbeiterinnen
- Wandel in der Arbeits- und Zeitorganisation
- neue Strukturen

Was bedeutet das nun aber für Sie persönlich? Es gibt eine Reihe von Befragungen, die sich mit der Arbeitswelt von Berufstätigen über 40 beschäftigen. Bestimmte Themenfelder werden dabei immer wieder benannt:

- Gesundheit (Wie gesund ist, empfinde ich meinen Arbeitsplatz?)
- Kompetenz (Kann ich meine Fähigkeiten einbringen?)
- Perspektiven (Welche beruflichen Entwicklungsmöglichkeiten werden angeboten?)
- Netzwerk (privat und beruflich)
- Selbstmanagement (Zeitmanagement)
- Eigenverantwortung (Gestaltungsfreiraum)
- Mentoring (Wem gebe ich mein Wissen weiter?)

Vielleicht möchten Sie sich zu jedem Thema ein paar Notizen machen? Wie gesund fühlen Sie sich, zum Beispiel? Es ist erwiesen, dass ältere Mitarbeiter mehr Pausen benötigen und schneller durch Lärm und Hektik unter Druck geraten. Dafür halten sie seelische Belastungen besser aus, da sie über weit mehr erprobte Lösungswege verfügen als jüngere Kolleginnen.

Und was ist mit den Perspektiven? »Ich will nicht noch weitere 15 Jahre im Kindergarten arbeiten«, erklärte mir Katharina. Allerdings muss Katharina berufstätig bleiben, schon allein aus finanziellen Gründen. Wie könnte also ihr Berufsalltag sich in den nächsten Jahren wieder hin zu mehr Engagement wandeln? Gibt es Schritte, die dabei zu beachten sind, und überhaupt: Wo geht denn die Reise hin? Haben Sie selbst sich darüber schon einmal Gedanken gemacht?

Wo möchten Sie in den nächsten 5, 10, 15 Jahren stehen? Welche Art von beruflicher Tätigkeit üben Sie wohl mit 63 Jahren aus?

Katharina möchte in die Elternbildung. Sie weiß, dass sie sich in kleine Kinder gut hineinfühlen kann und möchte jungen Eltern von diesem Wissen etwas weitergeben. Eine ausgezeichnete Idee, denn junge Eltern brauchen das Erziehungswissen der älteren Generation, noch besser, wenn es sich dabei um Profis handelt. Insofern ist diese Planung von Katharina goldrichtig.

Und? Sind Sie bereits inspiriert? Wie könnte Ihre Perspektive sein?

Ihre Perspektive
Mit ... Jahren werde ich ...

_____

_____

_____

Altersgerechtes Arbeiten im Kindergarten

Der Gewinn des Älterwerdens
im Beruf

Älter geworden im Kindergarten– wer kann das schon von sich behaupten? Als älter werdende Erzieherin arbeiten Sie in einem jungen Bereich. Sie haben es mit Kindern zu tun, jungen Eltern, jungen Kolleginnen. Das kann Ihnen viele Impulse geben, Sie anspornen, aufheitern und flexibel machen. Alltagstrott kommt da nicht auf. Jeder Tag bringt neue Stimmungen mit. Aber es ist laut. Als junge Frau liebte ich laute Musik. Dröhnen musste es und beim Einkaufen wollte ich Menschen, Musik und bunte Lichter. Jetzt lege ich mehr Wert auf Qualität, auch in den Eindrücken und der Beschallung. Mein Leben hat sich verändert, es sind neue Ringe dazugekommen. Ich habe Zwänge abgelegt und gebe meinen Bedürfnissen Raum. Vieles muss ich nicht mehr. Ich muss z.B. keinen Lebenslauf mehr schreiben. Welch eine Erleichterung, auf Bewerbungsfotos sah ich schon immer schrecklich aus. Manch ein Zeugnis hat gar keine Bewandtnis mehr. Habe ich einst darüber geheult, heute liest es niemand mehr. Ich weiß und akzeptiere, dass ich niemals ein Supermodel werde. Und ich bin auch zu alt für den Bildschirm und brauche mich in meiner Fernsehredaktion deswegen gar nicht mehr zu melden.

Dafür werde ich ernster genommen. Man hört mir zu und lässt sich von mir beraten. Ich gehe auf diese Fragen gerne ein, weil ich mich sicher fühle. Die Sicherheit hat auch etwas mit meinem Alter zu tun. »Sie sind so gelassen«, sagen Menschen zu mir und ich lächle dazu gütig, obwohl ich weiß, dass es nicht stimmt. Aber in dem Moment, das glaube ich schon, kann ich sehr gelassen wirken. Meine Jahre haben mich gelehrt, mehrere Facetten meiner selbst zu leben. Das ist der Gewinn des Älterwerdens. Ich weiß, dass ich nicht nur *eine* Christine bin, sondern viele Seiten habe. Deswegen muss ich mich auch nicht mehr verändern, wie ich das als junge Frau immer wieder versuchte. Ich darf die sein, die ich bin. Mit all der Vielfalt. Für die einen eine gelassene Frau, für die anderen ein Paradiesvogel und für die nächsten ein verrücktes Huhn. Es irritiert mich nicht, wenn mich Menschen unterschiedlich beschreiben. Dank meiner Lebenserfahrung weiß ich, dass das genau der Reichtum des Alters ist, von dem mir früher ältere Frauen freudvoll erzählten.

Interview

Meine Freundin Cornelie ist etwa so alt wie ich und arbeitet, mit einer Unterbrechung, seit unserer gemeinsamen Ausbildung als Erzieherin. Für sie spielt das Älterwerden im Kindergarten nur eine untergeordnete Rolle. Die kleinen Stühlchen beeinträchtigen sie nicht und die langjährige Zusammenarbeit mit den Kolleginnen hat für sie einen besonderen Vorteil, findet sie: »Wir werden zusammen älter und wir merken es gar nicht so.«

Christine: »Wie geht es dir mit der Arbeit?«
Cornelie: »Ich habe noch einmal gewechselt und arbeite jetzt mit den Minis, den Kindern unter drei Jahren. Dieser Wechsel war sehr wichtig für mich. Ich habe gespürt, dass ich flexibel bin, und die Beschäftigung mit den neuen Aufgaben war wie eine Erfrischung.«
Christine: »Wie ist die Zusammenarbeit mit den jüngeren Kolleginnen?«
Cornelie: »Für mich eine Selbstverständlichkeit. Wir kommunizieren gut miteinander. Die Älteren mit den Jungen und umgekehrt. Vielleicht liegt das auch daran, dass wir ein offenes Kindergartenkonzept haben. Jeder arbeitet mal mit jedem, man muss sich immer wieder neu einstellen und es gibt keinen Trott. Bei uns werden nicht zwei Erzieherinnen miteinander in einer Gruppe alt. Wir hören alle einander gerne zu und profitieren wechselseitig.«
Christine: »Welche Perspektiven hast du?«
Cornelie: »Es gibt Weiterbildungen, aber ansonsten komme ich mit Erzieherinnen aus anderen Kindergärten wenig zusammen. Eine Vernetzung wäre gut, das würde auch den Alltag beleben,

Der Gewinn des Älterwerdens im Beruf

weil man sich mit anderen Kolleginnen und anderen Konzepten auseinandersetzen würde.«

Christine: »So etwas wie ein Jobtausch? Zwei Erzieherinnen tauschen für einen Monat oder länger den Arbeitsplatz?«

Cornelie: »Das gibt es nicht, aber ich habe schon in anderen Einrichtungen hospitiert, und das war für mich jedes Mal beruflich eine große Bereicherung.«

Christine: »Was täte dir noch gut?«

Cornelie: »Die Möglichkeit, meine Arbeitszeit so zu gestalten, dass ich Zeiten ansammeln kann und mir Auszeiten nehmen. Auszeiten bringen so viel Inspiration. Ich bin mir ganz sicher, dass ich mit vielen neuen Ideen und großer Energie in meine Arbeit zurückkäme.«

Christine: »Was wäre noch wertvoll?«

Cornelie: »Wenn mein Arbeitsplatz so wäre, dass ich auch immer wieder zu mir finden könnte. Der Lärm und die Unruhe um mich herum strengen mich schon sehr an.«

Christine: »Habt ihr einen Personalraum?«

Cornelie: »Ja, aber da hört man ja auch die Kinder. Ich verlasse die Einrichtung lieber in der Pause und komme dann erholt zurück.«

Christine: »Hast du Perspektiven?«

Cornelie: »Ja, wir Erzieherinnen überlegen immer wieder, was es noch an ganz neuen und flexiblen Angeboten gäbe.«

Christine: »Was könnte das sein?«

Cornelie: »Eine Kinderkrippe auf die Bedürfnisse der Kinder zugeschnitten und nicht nur auf die der elterlichen Arbeitszeiten. Ein Kindergarten, der den Kindern gut tut, mit kleinen Gruppen. Wenn die Gruppen kleiner sind, dann geht es nämlich nicht nur den Erzieherinnen besser, sondern vor allem den Kindern. Sie spielen ganz anders und kommen mehr in die Ruhe.«

Christine: »Was ist der Gewinn deines Alters?«

Cornelie: »Dass ich viel gelassener geworden bin.«

Frage an die Älteren unter Ihnen
Welches ist der Gewinn Ihrer Jahre und was schätzen Sie an der Zusammenarbeit im Team?

_____

_____

_____

_____

Sicher reichen die wenigen Zeilen gar nicht aus.

Mentoring: Wie Alt und Jung voneinander profitieren

Mein Lieblingsthema in diesem Zusammenhang ist Mentoring. Nach meinen Recherchen und Umfragen werden bislang noch wenige (keine) Mentoringprogramme im pädagogischen Bereich angeboten, obwohl der Begriff »Mentoring« sich doch gerade aus diesem Beziehungsfeld ableitet.

In Deutschland wird Mentoring eher mit »Bildung« als mit »Erziehung« in Zusammenhang gebracht. Bildung meint den ganzheitlichen Entwicklungsprozess von Individuen über lebenslanges Lernen innerhalb von Beziehungen. Menschen, die bereits einen langjährigen beruflichen Erfahrungshintergrund erworben haben, erklären sich bereit, dieses Wissen anderen zur Verfügung zu stellen. Man könnte auch von einer Art »Patenschaft« sprechen. Mentoring ist nicht nur ein individuelles, frei gestaltbares Weiterbildungstool, son-

197

Was ist Mentoring?

In der *Odyssee* von Homer war Mentor der Erzieher, Hauslehrer und Beschützer von Odysseus' Sohn Telemachos. Sie erinnern sich, Odysseus war ziemlich häufig außer Haus, also vertraute er Telemachos Mentor an. Heute würden wir sagen, Mentor war der Vaterersatz, ein väterlicher Freund. Telemachos konnte sich vertrauensvoll an ihn wenden, bekam Zusammenhänge erklärt und Wissen vermittelt. Die Beziehung zwischen Mentor und Telemachos war von Zuneigung, Achtung, Vertrauen und gegenseitigem Respekt geprägt.

Der Begriff »Mentor« wurde damit zum Synonym für einen geachteten und gebildeten Menschen, der bereit ist, einen Jüngeren an seinem Wissen und seinen Verbindungen teilhaben zu lassen. Dabei spricht man von einem Mentor, wenn es sich dabei um einen Mann handelt, von Mentorin bei einer Frau. Aus Telemachos ist englisch ausgesprochen der oder die »Mentee« geworden.

dern auch ein überaus wirksames Personalentwicklungsinstrument für berufliche Förderung. Darüber hinaus ist ein Charaktermerkmal von Mentoring so etwas wie »Freundschaft« im Sinne von vereinbarter Begleitung und Unterstützung.

Die Mentorin nimmt Anteil, hört zu, spiegelt Stärken wieder und macht auf Schwächen liebevoll aufmerksam. Sie kennt und berücksichtigt im besten Fall die Feedback-Regeln. Insofern ist eine gute Mentorin ein Vorbild – auch in der Hinsicht, dass die Mentee später selbst einmal Mentorin werden soll.

Im Unterschied etwa zum Coaching nimmt der Mentor keine neutrale Position gegenüber der zu beratenden Person ein, sondern zeichnet sich durch besonderes Engagement und Wohlwollen aus. Zudem gibt es in einer Mentor-Mentee-Beziehung keinen finanziellen Ausgleich. Für den Mentor ist die Unterstützung eine Ehre, für die oder den Mentee ein großes, achtungswürdiges Geschenk.

Heute werden Mentoring-Programme besonders zur Förderung des weiblichen Nachwuchsmanagements eingesetzt, wobei sich die

Wir leben das Leben in wachsenden Ringen: Älter werden

Idee auf alle hierarchischen Ebenen übertragen lässt. Für mich ist Mentoring so wertvoll, weil verschiedene Bedürfnisse mit diesen Programmen gestillt werden.

Vorteile für Sie als ältere Erzieherin

- Sie geben Ihr Wissen weiter.
- Ihr Erfahrungsschatz ist gefragt.
- Ihre langjährige Arbeit wird gewürdigt.
- Ihre Kompetenz wird anerkannt.
- Ihr Engagement als Mentorin trägt zu Nachhaltigkeit von Konzepten bei.
- In Seminaren tauschen Sie sich mit anderen Mentorinnen aus und erarbeiten neue Wirkungsfelder.

Gleichzeitig kommen Sie in einen neuen Kontakt mit jüngeren Kolleginnen, erfahren von deren Erleben und Gedankenwelt und profitieren von deren Weiterentwicklung.

Vorteile für Sie als jüngere Erzieherin

- Sie erhalten persönliches und wohlwollendes Feedback, Unterstützung, Beratung und Förderung.
- Sie können in einem vertrauensvollen Miteinander über Herausforderungen und Perspektiven sprechen und Ziele für sich erarbeiten.
- Und, das ist mir ganz wichtig: Sie erfahren, wie wertvoll und wertschätzend es ist, wenn eine erfahrene Kollegin Sie von ihrem Wissen profitieren lässt. Die beste Voraussetzung dafür, *Sie* irgendwann später als Mentorin begrüßen zu dürfen!

Fragen, mit denen sich Mentorinnen auseinandersetzen

- Wie gebe ich mein Wissen weiter?
- Wie ist ein beratendes Gespräch strukturiert?
- Wie erkenne ich Grenzen?
- Wie motiviere ich einen erwachsenen Menschen?
- Wie lasse ich die Verantwortung bei meiner Mentee?
- Wie öffne ich Türen?

199

Für mich gibt es kaum eine andere Maßnahme, von der so viele Menschen gleichzeitig profitieren. In wirtschaftlichen Kontexten spricht man von der »Sichtbarmachung« weiblicher Mitarbeiter. Das ist im Kindergartenbereich nicht vordergründig. Wichtig jedoch ist das Signal »Wir wollen uns entwickeln« und »Es gibt einen Bedarf an speziellen Angeboten«.

Was können Sie tun, um ein Mentoring-Programm zu etablieren?

In der Regel werden Mentoringprogramme von der Führungsspitze initiiert. Sie können aber auch selbst aktiv werden, indem Sie Ihren Arbeitgeber dafür interessieren oder mit Verbänden und Gewerkschaften zusammenarbeiten. Darüber hinaus können auch Vereine Mentoring anbieten, oder Sie überlegen, wie Sie und andere Interessierte solch ein Programm ins Leben rufen.

Wichtig dabei ist nur, dass Mentorin und Mentee nicht in der gleichen Einrichtung arbeiten und einen inhaltlichen Abstand zueinander haben. In der Wirtschaft ist die Mentorin üblicherweise zwei Stufen weiter als ihre Mentee. Programme sind jedoch dafür da, dass wir sie den eigenen Bedürfnissen anpassen und entsprechend modellieren. Lassen Sie sich nicht von festen Konzepten abschrecken. Lassen Sie sich überhaupt nie abschrecken, sondern werden Sie lieber kreativ! Wie finden ältere und jüngere Erzieherinnen zusammen? Wie können Sie mitgestaltend sein? Projekte sind eine lebendige Abwechslung im Arbeitsalltag. Durch die Projektgestaltung werden Sie mit neuen Gedanken und Bereichen vertraut, das lockert Routine auf und gibt Ihnen neue Anreize.

»Sie haben mir gar nichts zu sagen!«
Kommunikation zwischen älteren und jüngeren Kolleginnen

Vor zwei Jahren gestaltete ich in einer Redaktion ein Projekt mit. Meine Kollegin Nina war zu diesem Zeitpunkt gerade 30, überaus flink und wach. Wenn sie mir etwas erklären wollte, sprach sie unglaublich schnell, und wenn sie mir am Computer etwas zeigte, flogen ihre Finger nur so über die Tastatur. Manchmal kam ich kaum mit. Während mich andere Teile des Projektes weit mehr beschäftigten als Nina, fand sie meine Einwände manchmal schwer nachvollziehbar.

»Weißt du, Nina«, erklärte ich ihr eines Tages, »ich bin 17 Jahre älter als du.«

»Was soll das heißen?«, entgegnete sie irritiert.

Ich erinnere mich noch, dass mit einem Mal ein Gefühl von »Angriff« im Raum stand, so als wolle ich als Ältere auf mein Recht pochen oder mich lustig machen nach dem Motto: »Werd du erst mal trocken hinter den Ohren!« Aber so war es nicht gemeint. Es ging mir viel eher um Verständnis füreinander. Ich war zu diesem Zeitpunkt 17 Jahre älter als Nina. Das sind 17 mal 365 Tage mal 24 Stunden. Ein Haufen Leben. Tausende von Situationen, Erfahrungen und Eindrücken, die ich schon mehr gesammelt hatte. Ich war in einer anderen Lebens- und Berufsphase als Nina. Benutzte andere Bilder und andere Begriffe. Ich sage z.B. nicht »krass«, und ich verkürze Beschreibungen auch nicht mit »bla«: »Und dann kam er und wollte mir erklären, wie das geht – bla –, auf jeden Fall kamen wir dann darauf ...«

Für Nina und mich wurde mein Satz bald eine sehr vergnügliche Einleitung, wenn wir der anderen etwas aus der eigenen Erlebenswelt mitteilen wollten: »Weißt du, Christine, ich bin 17 Jahre jünger als du. Würdest mir noch mal erklären, wie du darauf kommst?«

Wenn Alt und Jung aufeinandertreffen, dann ist Neugier und Wohlwollen wichtig und zwar von beiden Seiten. Ein Wissenwollen, wie die andere denkt, ein vorurteilsfreies Prüfen, welche Vorschläge passen, und ein Nachfragen, um besser zu verstehen. Alt und Jung können viel voneinander lernen und sehr viel Freude miteinander haben. Wenn wir ein solches Zusammentreffen wertschätzen, wird es zu einer wunderbaren Bereicherung, denn jedes Lebensalter hat besondere Juwelen. Gemeinsam sind sie alle ein großer Schatz!

Ich lebe mein Leben in wachsenden Ringen,
die sich über die Dinge ziehn.
Ich werde den letzten vielleicht nicht vollbringen,
aber versuchen will ich ihn.
Ich kreise um Gott, um den uralten Turm,
und ich kreise jahrtausende lang;
und ich weiß noch nicht:
bin ich ein Falke, ein Sturm
oder ein großer Gesang.

Rainer Maria Rilke

Danksagung

Ich möchte mich besonders bei meinen Freundinnen Cornelie und Jutta bedanken, die mich an ihrem Kindergartenalltag teilnehmen lassen und ließen.

Danke an Helga Mayer, die mir bereits 1978 in meinem Vorpraktikum zeigte und vorlebte, wie wichtig Reflexion und Weiterbildung besonders im sozialen Arbeitsbereich sind. Danke an Annegret, die ihre Erfahrung als ältere Erzieherin mit mir teilte.

Danke an Rainer, mit dem ich früher zusammen im Heim gearbeitet habe und der heute in einer Einrichtung für Kinder tätig ist. Seine männliche Sicht war für mich wichtig.

Lieben Dank, Heidi, für deinen kollegialen Input.

Danke auch an Bernd, der mich immer wieder in meinen Projekten so hilfreich unterstützt.

Und ich möchte auch all denen danken, die für mich in der Ausbildung und später als Erzieherin wichtig waren. Meinen Lehrern, manchen Vorgesetzten, vielen Kollegen (allen voran Elli, mit der ich Käsehäppchen essend so gerne die Nachtdienste teilte) und auch den Kindern und Jugendlichen, deren Weg ich begleiten durfte, von denen ich lernte, mit denen ich lachte und die mir immer wieder Gründe gaben, mein Arbeiten und Sein aus verschiedenen Perspektiven zu betrachten.

Nichts kommt aus einem Menschen ganz allein.

Alle sind Teil des Ganzen.

203

Buchempfehlungen

Sabine Asgodom (Hrsg.): *Die Frau, die ihr Gehalt mal eben verdoppelt hat ... 25 verblüffende Coaching-Geschichten.* München 2008

Barbara Berckhan: *Jetzt reicht's mir! Wie Sie Kritik gelassen austeilen und einstecken können.* München 2009

Claudia Croos-Müller: *Überzeugend auftreten. Körpersprache und Selbstpräsentation für Frauen.* München 2004

Frank und Gundi Gaschler: *Ich will verstehen, was du wirklich brauchst. Gewaltfreie Kommunikation mit Kindern.* München 2007

Rita Greine: *Stress war gestern! Mehr Gelassenheit im Kita-Alltag.* Berlin 2008

Nele Haasen: *Mut zu klaren Worten. Wie Frauen sich in Konfliktgesprächen behaupten.* München 2003

Jesper Juul: *Nein aus Liebe.* München 2006

Christine Koller, Stefan Rieß (Hrsg.): *Jetzt nehme ich mein Leben in die Hand. 21 Coaching-Profis verraten ihre effektivsten Strategien.* München 2009

Lisa Krelhaus: *Wer bin ich – wer will ich sein? Ein Arbeitsbuch zur Selbstanalyse.* München 2004

Linda Lehrhaupt/Petra Meibert: *Stress bewältigen mit Achtsamkeit. Zu innerer Ruhe kommen mit MBSR.* München 2010

Jens-Christian Möller/Esta Schlenther-Möller: *Kita-Leitung. Leitfaden für Qualifizierung und Praxis.* Berlin 2007

Rainer Orban, Gabi Wiegel: *Ein Pfirsich ist ein Apfel mit Teppich drauf. Systemisch arbeiten im Kindergarten.* Heidelberg 2009

Ulrich Pommerenke: *Ich kann's – ich mach's. Persönlichkeitserziehung im Erzieherinnenberuf.* Berlin 2007

Rudi Rhode/Mona Sabine Meis: *Ich weiß, was ich will! Faire Selbstbehauptung in privaten und beruflichen Konflikten.* München 2010

Hans-Peter Unger, Carola Kleinschmidt: *Bevor der Job krank macht. Wie uns die heutige Arbeitswelt in die seelische Erschöpfung treibt und was man dagegen tun kann.* München 2006

Die besten
Coaching-Tipps

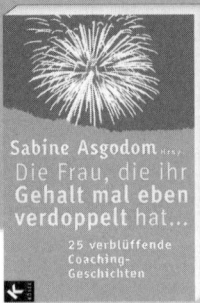

ISBN 978-3-466-30788-3

25 verblüffende
Coaching-Geschichten

ISBN 978-3-466-30825-5

Coaching-Profis verraten
ihre effektivsten Strategien

ISBN 978-3-466-30879-8

Persönlichkeit – der
Erfolgsfaktor Nummer
eins

ISBN 978-3-466-30660-2

Körpersprache und
Selbstpräsentation
für Frauen

004

www.koesel.de   Sachbücher & Ratgeber

Ganzheitliche Förderung

ISBN 978-3-466-30857-6

**Gewaltprävention
in Kindergarten und
Grundschule**

ISBN 978-3-466-30826-2

**Kinder mit Musik und
Bewegung stärken**

ISBN 978-3-466-30840-8

**Wie übergewichtige
Kinder abnehmen und
Lebensfreude gewinnen**

ISBN 978-3-466-30838-5

**Mit Kindern draußen
aktiv sein: 40 Aktionen für
alle vier Jahreszeiten**

www.koesel.de   Sachbücher & Ratgeber

005

KÖSEL

Welt des Kindes

Die Fachzeitschrift für Kindertageseinrichtungen

www.welt-des-kindes.de

Für ErzieherInnen in Ausbildung und Praxis

**NEUGIERIG?
MEHR UNTER
www.welt-des-kindes.de**

Alle zwei Monate bietet Ihnen »Welt des Kindes«

- fachlich fundierte, informative Artikel von renommierten Autoren
- ein ausführliches Titelthema zu einem aktuellen Praxisfeld in Kiga, Krippe oder Hort
- ein 8-seitiges Sonderheft »WDK-Spezial« mit Anregungen für Ihren beruflichen Alltag
- Informationen über neue Projekte im Bildungs- und Erziehungswesen
- ein Forum für Meinungsaustausch und aktuelle Trends.

Ein kostenloses Probeheft schicken wir Ihnen gerne zu:

Redaktion Welt des Kindes
Katharina Kapko
Postfach 420
79004 Freiburg
wdk@caritas.de

www.koesel.de